I0790291

Cómo jugar al ajedrez sin dados

Una guía para leer la política y entender a los políticos

Cómo jugar al ajedrez sin dados

*Una guía para leer la política
y entender a los políticos*

Cómo jugar al ajedrez sin dados: Una guía para leer la política y entender a los políticos

Primera edición

Ediciones Wellington SAS de CV
Copyright ® 2019 Gerardo Enrique Garibay Camarena

ISBN-13: 978-168-901-756-5

A Pablo, Lupita y Ana Paola.

"La política debería ser una profesión de medio tiempo para todos los ciudadanos."
Dwight D. Eisenhower

"Dicen que la política es la segunda profesión más antigua del mundo, y yo considero que se parece mucho a la primera."
Ronald Reagan

"Si podemos evitar que, bajo la pretensión de cuidarlo, el gobierno desperdicie las labores del pueblo, este será feliz."
Thomas Jefferson

Cómo jugar al ajedrez sin dados

Una guía para leer la política y entender a los políticos

Índice

Presentación - Jugar al ajedrez sin dados

Según los rumores que, hasta el 2019, llevan 12 años corriendo por distintos rincones del internet, el seleccionado alemán y campeón del mundo Lukas Podolski declaró alguna vez ante los reporteros que *"Fussball ist wie Schach, nur ohne Würfel"*,[1] que traducido al español significa básicamente: ***"El futbol es como el ajedrez, pero sin los dados."***

Desde entonces ha formado parte de gran cantidad de colecciones de declaraciones ridículas, e incluso fue adaptada para adjudicársela al presidente de Argentina, Mauricio Macri, durante la campaña para las elecciones primarias del 2019, y fue una *"fake news"* razonablemente exitosa porque, ni para qué negarlo, dentro de la grotesca ignorancia que refleja la frasecita tiene un cierto sazón. Y también algo de razón.

Es dudoso el que la frase aplique para el futbol, pero la política sí es como jugar al ajedrez sin dados, en el sentido de que existen elementos de estrategia, junto a los cuales se esconde también la sombra del azar y el manto de la ignorancia, porque no importa qué tantos programas académicos estudies, qué tantos libros devores o cuántas campañas electorales organices, en la refriega ideológica y material de la vida política siempre hay variables que están más allá de lo que podemos controlar e incluso conocer. Siempre seremos aprendices, siempre estamos en riesgo de cometer un error tan absurdo como el de Podolski en cuanto al ajedrez y los dados.

Por lo tanto, el objetivo de este libro no es el de zanjar de una vez y para siempre los debates teóricos respecto a lo que es la política y cómo funcionan sus mecanismos, sino el de proponerte una perspectiva que te ayude a navegar en la incertidumbre con herramientas que otorguen un poco más de luz dentro de tu travesía, ya sea como votante promedio, como aficionado a los temas públicos o incluso como político profesional.

Estoy plenamente consciente de que muchas de las definiciones y en general de las ideas que te ofrezco en las próximas páginas no representan los conceptos planteados por el consenso académico, y de entrada aclaro con toda la contundencia posible que no me interesa alcanzar un respaldo unánime, pues podríamos pasar incluso la vida entera debatiendo sobre los matices de la actividad política y ni siquiera entonces habríamos convencido a todos.

Esta última aclaración va dirigida especialmente a todos los académicos de las "ciencias" políticas y ramas afines.

El libro no va dirigido a ustedes, no encontrarán las citas de rigor de los sabios de enciclopedia que tanto leyeron en la facultad, tampoco un texto escrito en su lenguaje y en sus tecnicismos. Lo que encontrarán son los planteamientos y las referencias que a mí me han permitido avanzar en el entendimiento de las luchas políticas. Creo que pueden serle de utilidad a otras personas para complementar lo que ya conocen en base a sus lecturas previas y a su experiencia personal.

Seguramente conforme avancen los capítulos habrá cosas que te parezcan lógicas y otras que te resulten absurdas. Tal vez tengas razón. No pretendo imponerte un paradigma, pero sí espero que al final de la lectura te quedes con una idea, un argumento, un dato o una perspectiva nueva. Espero que puedas dar el siguiente paso en tu propio camino hacia la comprensión de lo que es la política, esa interacción que puede ser tan apasionante y exasperante como jugar al ajedrez sin dados.

Te doy las gracias, y que sea para bien.

Gerardo Garibay Camarena

PRIMERA PARTE

¿QUÉ ES LA POLÍTICA?

1

La definición

La política es una forma de maldad humana, declaró Mario Vargas Llosa en una entrevista con el diario español El Mundo.[2] Con tono más ligero, pero igualmente drástico, Groucho Marx definió a la política como el arte de buscar problemas, encontrarlos, hacer un diagnóstico falso y aplicar después los remedios equivocados. En un sentido similar alguna vez le dijo Borges a Roberto Alifano que los políticos:

> *En primer lugar, no son hombres éticos; son hombres que han contraído el hábito de mentir, el hábito de sobornar, el hábito de sonreír todo el tiempo, el hábito de quedar bien con todo el mundo, el hábito de la popularidad. Yo no sé hasta qué punto la profesión de político es honrada...yo no puedo admirar a ningún político. La profesión de los políticos es mentir...un político debe fingir todo el tiempo, debe sonreír, simular cortesía, debe someterse melancólicamente a los cócteles, a los actos oficiales, a las fechas patrias.*[3]

A pesar de lo dramático que suenan estas afirmaciones, el hecho es que, a lo largo del planeta y especialmente en países como México, a menudo pareciera que así es.

No necesito esforzarme en exceso para recordar una docena de escándalos de enriquecimiento inexplicable (bueno, más bien "muy explicable" pero poco legal), otra docena de proyectos absurdos que se convirtieron en elefantes blancos financiados con millones de pesos obtenidos vía impuestos, y como cerecita en el pastel, basta con dar una vuelta rápida por Twitter para encontrarme con legiones de políticos evidentemente hipócritas o innecesariamente hostiles.

Como señala Ron Paul, *el proceso político se presta a que malas personas lleguen a la cima…las buenas personas, que tienden a ser menos agresivas y más complacientes, son las principales víctimas…incluso aunque superan en número a los malos.*[4]

Por ello no es de sorprender los partidos políticos, junto con los legisladores y el presidente de la república, normalmente ocupen los últimos lugares del Índice de Confianza en las Instituciones que cada año publica Consulta Mitofsky[5], pero este no es un fenómeno que suceda únicamente en la República Mexicana.

En **Estados Unidos**, de acuerdo con una encuesta del Pew Research Center, la confianza de los norteamericanos en el gobierno se encuentra en mínimos históricos: apenas un 17% de los ciudadanos confía en que los políticos a cargo en Washington hacen lo correcto la mayoría del tiempo, un drástico desplome respecto al 77% registrado hace 45 años, en tiempos del presidente Lyndon Johnson.[6]

En el **Reino Unido**, el Ipsos MORI Veracity Index 2018 colocó a los políticos en general como el segundo sector menos digno de confianza para los británicos. Solo un 19% de los encuestados los consideró dignos de confianza.[7]

En **Australia**, una encuesta realizada en 2018 encontró que tanto la satisfacción respecto a la democracia como la confianza en los políticos se han desplomado a los niveles más bajos de la historia reciente. Apenas un 21% confía en los parlamentarios, 31% confía en el gobierno federal y poco más de una tercera parte confía en los gobiernos locales.[8]

En **España**, de acuerdo con el Informe Nacional del "Eurobarómetro", elaborado por orden de la Dirección General de Comunicación de la Comisión Europea, apenas el 19% de las personas confían en el gobierno y tan solo el 8% coloca su confianza en los partidos políticos.[9]

No comparto más ejemplos para no alargar innecesariamente la lectura, pero en términos generales el fenómeno se repite a través de idiomas y continentes.

Pareciera que no importa si las personas viven en el primero o en el cuarto mundo, el hecho es que al estar ahogados en el incesante retumbar de acusaciones, de casos de corrupción, de traidores y de fracasos, resulta muy tentador el descartar de plano a la política como un terreno hostil e inhabitable para los seres humanos decentes, un desierto para los valores donde sólo prosperan los malvados o en el "mejor" de los casos un laberinto incomprensible, del que es mejor mantenerse alejado.

No nos engañemos, ciertamente hay algo de razón en esa perspectiva.

Sí, en política tienden a prosperar aquellos con mayor determinación y recursos, lo que la convierte en un espacio particularmente atractivo para fanáticos y sociópatas, o simplemente para aquellos que están a la caza de una herramienta para volverse millonarios al amparo del gobierno, pero **esa no es toda la historia.**

De hecho, el **asumir que toda la vida política es un baile de criminales tiene justamente el efecto de una profecía autocumplida**, pues, como ya se entendía desde los tiempos de la antigua Grecia, *el precio de desentenderse de la política es el ser gobernado por los peores hombres.*

Y aquí no se trata de lamentarse por la mala suerte de los políticos que nos tocó sufrir.

Aquí lo que queremos es entender y para verdaderamente ser capaces de hacer un juicio respecto a la política como actividad y a los políticos como individuos es necesario entender cómo operan los mecanismos que la hacen avanzar. Es decir, para llegar a una conclusión respecto a qué podemos hacer en cuanto a la política **tenemos que entender cómo funciona**, es indispensable partir de una definición.

Hay una enorme cantidad de interpretaciones y definiciones de la política, desde la Real Academia de la Lengua, que la identifica como el *arte, doctrina u opinión referente al gobierno de los Estados,* hasta las perspectivas más descarnadas, como la de Carl Schmitt, que la planteaba como el resultado de una relación marcada por amigos y enemigos, entendiendo a estos últimos como aquel conjunto que se opone combativamente a su contraparte[10], pasando por otras con tinte más – por decirlo de algún modo – tecnocrático, como la de Sir Bernard Rowland Crick, que la explica como la actividad por medio de la cual intereses divergentes son conciliados *al otorgarles una parte del poder* cuyo tamaño dependerá de la importancia de cada uno de ellos *para el bienestar y sobrevivencia de la comunidad,* derivando en un sistema político aquel gobierno en el que *la política tiene éxito al asegurar un nivel razonable de estabilidad y orden.*[11]

Por supuesto, tampoco podemos dejar de lado la perspectiva de la política como la construcción del bien común, derivada de algunos de los pilares de la tradición occidental, presente en Platón, Aristóteles y en forma especialmente clara, en los textos de Santo Tomás de Aquino, para quien dicho bien común *no puede florecer a menos que los ciudadanos sean virtuosos, al menos aquellos cuya labor consiste en gobernar.*[12]

He elegido estas tres perspectivas respecto a la política porque ilustran de manera tan notoria como breve las principales formas en que se suele enfocar el análisis de este tema:

- La **pesimista**, de quienes sólo la entienden como la lucha por el poder a cualquier costo;
- La **utilitarista**, de quienes la entienden como un mecanismo para resolver conflictos;
- La **idealista**, de quienes la consideran como un espacio para la formación y ejercicio de las virtudes.

A mi parecer, las dos primeras adolecen de un enfoque excesivo en el elemento del conflicto, que los disuade de observar los elementos individuales que están en juego desde el propio origen de las posiciones de los actores políticos. Además, sobre todo en el caso de Schmitt, parecieran ignorar o al menos despreciar a la persona, interesándose sólo por los colectivos que participan en las luchas por el poder, olvidando que al final del día esos colectivos son simplemente el resultado de la coordinación de voluntades individuales, sujetas a sesgos, a temores, alegrías y caprichos.

Del otro lado, la visión del proceso político como la construcción del bien común presenta un claro problema: Evidentemente **la gran mayoría de los actos que identificamos como política en la vida cotidiana no están ni de lejos orientados a la construcción de algo que siquiera se asemeje al bien común.**

Frente a esta realidad surgen dos tentaciones igualmente graves: **La de la desesperanza,** al darse de bruces con una realidad que no se ajusta a lo que anhelamos, y **la del cinismo,** que mantiene de dientes para afuera la convicción de un bien común que en la práctica ya no se pretende.

En buena medida los altísimos niveles de desconfianza respecto a los gobiernos y los representantes populares, con los que arranqué este capítulo, son resultado de este fenómeno: Las personas hemos aprendido en la escuela y en la propaganda que el gobierno es una especie de papá generoso y el gobernante es – o al menos debe ser – un cuasi mártir cívico, que actúa buscando el bien de la patria a través de la justicia para el pueblo, Pero luego tomamos el periódico o entramos a internet y resulta que en realidad lo que están buscando esos sacrosantos señores es el apoyo para reelegirse, el dinero para la tercer mansión con alberca o el quinto tratamiento de botox – que les permita obtener más *votox.* El resultado es que **nos sentimos traicionados;** ese contraste entre la altura de nuestras expectativas y la vulgaridad de la vida cotidiana se traduce en un resentimiento que en casos extremos puede llevarnos a tomar pésimas decisiones.

Pensemos, por ejemplo, en Venezuela.

A finales de los 90's la clase política de la nación caribeña mostraba los peores niveles de prestigio a nivel Latinoamérica. Ciertamente se habían ganado a pulso ese repudio, pues los gobernantes llevaban desde 1975 absortos en una espiral de corrupción y dispendio, desatada en 1975, cuando Carlos Andrés Pérez *nacionalizó* el petróleo y le arrebató la autonomía al Banco Central, sometiéndolo a los caprichos presidenciales e incentivando con carretadas de dinero público un círculo vicioso de corrupción[i] que se mantenía en marcha cuando Carlos Andrés Pérez llegó a su segundo periodo presidencial, aderezado con vodeviles como el del juicio en su contra por la malversación de montos multimillonarios, y los de las tradicionales acusaciones de incompetencia entre los líderes de la COPEI y la Acción Democrática. Enojados, los venezolanos votaron por Hugo Chávez, que prometió entre otras cosas el acabar con la corrupción de los políticos, pero 20 años después el resultado es un país mucho más pobre y violento, en el que la corrupción no solo creció en cuanto a términos monetarios, sino que se expandió a todo el sistema político, incluyendo los supuestos líderes de la oposición, que en muchos casos se beneficiaron directamente (a través de sus familias) con negocios del gobierno chavista.

Vale la pena recordar este principio: **Siempre se puede estar peor.**

---

[i] El académico venezolano Rafael Acevedo, investigador asociado del Free Market Institute, explica que también las regulaciones y las redes de corrupción establecidas durante el periodo republicano previo al chavismo derivaron en grandes políticos y empresarios a los que era casi imposible hacerles competencia desde nuevas empresas, porque estaban protegidos con cuotas de importaciones y exportaciones, entre otros mecanismos.

Pero al caso venezolano regresaremos después. Por lo pronto, cerramos este paréntesis para señalar que sí, al final del día entender la política como la construcción del bien común es la opción más profunda y más trascendente, pero es una definición que se acerca más al deber ser que a la realidad práctica.

Lo que pretendo en este libro es brindarte una guía que nos ayude a entender la política como es, porque estoy convencido de que ese realismo, que **no necesariamente implica renunciar a los ideales, sino entender que estamos todavía lejos de alcanzarlos**, es el primer paso para avanzar hacia un mejor funcionamiento de la política, con la esperanza de que algún día sea realmente ese ejercicio del bien común.

Dicho lo anterior, vamos a poner manos a la obra.

Sabemos que en la política está involucrado el **conflicto**. Cada participante quiere el **poder** y como no hay para todos, están dispuestos a pelear – e incluso a matar – para dejar en claro su fuerza o su merecimiento ante los ciudadanos y ante cualquier posible retador.

Aun así, para entenderla no basta con analizar el conflicto, porque la política no es una mera *física social*[ii] en la que la aplicación de una *fuerza X* produzca un resultado plenamente predecible. Hay otras variables en juego, porque los políticos, como todo ser humano, están sometidos a múltiples limitaciones y sesgos:

[ii] El término *física social* fue el que originalmente contemplaba Augusto Comte para su estudio de las sociedades humanas. Eventualmente optó por el de "Sociología".

- No conocen toda la información relevante, no tienen la capacidad de razonarla en forma plenamente objetiva, tienen hambre, tienen relaciones sexuales, se enferman, sienten simpatía o antipatía por otras personas, aman y odian a los demás – incluso dentro del círculo de sus aliados.

Por supuesto, para analizar a fondo cada uno de estos elementos sería necesario dedicarles una biblioteca entera, y ni tú ni yo tenemos tanto tiempo disponible, en especial considerando que aquí nuestro objetivo compartido no es el de hacer filosofía en forma, sino entender qué carambas es la política y terminar a tiempo para el partido de futbol del fin de semana.

Bueno, pues te comparto la definición que con algo de fortuna te permitirá ver bajo una nueva luz lo que veas en las noticias o escuches en el *radiopasillo*.

La política es la interacción dinámica de intereses y lealtades en la lucha por el poder.

2

Interacción

Una vez más partamos de la definición que nos otorga nuestra vieja amiga, la Real Academia de la Lengua Española. Interacción significa: "Acción que se ejerce recíprocamente entre dos o más objetos, personas, agentes, fuerzas, funciones, etc." En este caso nos referimos a una acción que se ejerce entre personas. La política implica necesariamente que exista más de un ser humano. Para recurrir al clásico ejemplo de la novela de Daniel Defoe "Robinson Crusoe", cuando el señor Crusoe se encontró solo en una isla aparentemente desierta incluso coqueteó con la idea de autonombrarse rey,[iii] pero rápidamente la dejó de lado,

---

[iii] La cita específica dice así: *Descendí un trecho por el costado de ese delicioso valle, observándolo con una especie de secreto placer, aunque mezclado con otras reflexiones dolorosas, al pensar que todo aquello era mío, que era el rey y señor irrevocable de todo este lugar, sobre el que tenía pleno derecho de posesión; y que, si hubiera podido transmitirlo, sería un bien hereditario tan sólido como el de cualquier señor de Inglaterra.*

porque – al estar solo – la perspectiva de su dominio monárquico era irrelevante.[13] Es únicamente cuando descubre a los caníbales y decide salvar a Viernes que la diplomacia, la negociación – y sí, también el conflicto – entran en juego.

Ahora, reconozco que esto pudiera parecer una verdad de Perogrullo y quizá estás pensando: "¿Conque *la política requiere por lo menos de dos personas?* Gracias, Capitán Obvio." Sin embargo, vale la pena reafirmarlo porque mucho más a menudo de lo que quisiéramos reconocer hay candidatos, analistas, líderes y grillos en general que hacen planes como si ellos fueran los únicos en el tablero político o en todo caso como si fueran personajes que funcionan con pilas y estuvieran condenados a actuar específicamente como lo plantea el planificador.

Al mismo tiempo, cuando un actor político se niega a interactuar o permite que otros lo aíslen del proceso de interacción, los resultados eventualmente pueden ser muy trágicos. La revolución francesa fue particularmente violenta respecto a los aristócratas, muchos de los cuales terminaron muertos o exiliados. A primera vista pudiera pensarse que dichas agresiones fueron una reacción del pueblo ante el autoritarismo político de los *señores*.

Sin embargo, la realidad fue completamente opuesta. Desde principios del siglo XVIII, los asuntos de las comunidades locales eran atendidos por servidores públicos que eran ajenos al aristócrata local. Al establecer el sistema de intendencias, la corona francesa aisló incluso más a estos aristócratas, dejándoles los privilegios en cuanto a impuestos o prestigio, pero arrebatándoles los espacios de gobierno y de representación social que habían realizado durante siglos,

los cuales de hecho constituían la base misma de su propia existencia. Para cuando comenzaron a soplar los vientos de la revolución, el señor rural tenía décadas siendo, *en términos reales, simplemente un habitante separado y aislado de todos los demás por inmunidades y privilegios. Su posición social, no su poder, lo hacía diferente.*[14]

Esto, por supuesto, lo convirtió en un objetivo inevitable del resentimiento de los ciudadanos, que en esa aristocracia de bajo rango veían ejemplificadas las injusticias del régimen. Al quedar fuera de la interacción, el señor pasó de ser protagonista y vocero a convertirse en una carga e insulto a los demás ciudadanos.

Más adelante hablaremos más a fondo sobre la tentación del control y de negar la humanidad de las personas con quienes interactuamos en la vida política, pero por lo pronto basta con recordar que muchas de las reuniones de café en las que se "resuelve el mundo" adolecen justamente de este defecto: "*entonces yo haré X, y ellos responderán con Y, por lo que yo reaccionaré haciendo Z*" y así hasta el infinito.

El problema llega cuando el planificador hace X y su contraparte reacciona haciendo W, colapsando por completo el ingeniosísimo plan que hubiera funcionado a la perfección si tan sólo todas las variables se sujetaran al designio de quien lo diseñó. Lo mismo sucede en el terreno de la legislación y de las políticas públicas; detrás de cada iniciativa que funcionaba en el texto y fracasó en la realidad suele esconderse una planificación que no tomó en cuenta el elemental hecho de que la política se construye entre seres humanos y que por lo tanto no contempló márgenes de maniobra o de corrección de rumbo en caso de que estos actuaran de manera diferente a lo programado.

Por supuesto, empleando nuestro sentido común y experiencia normalmente podemos hacernos una idea razonablemente exacta de cómo reaccionarán las personas en un momento dado. Si salgo a la calle repartiendo insultos a los transeúntes puedo prever con cierta exactitud que la gente reaccionará con insultos o incluso con agresiones físicas; Sin embargo, quizá alguien más se ponga a llorar en medio de la calle, o se quede inmóvil, o intente darme dinero. La moraleja de la historia es que, incluso aunque tengamos a la mano una serie de reacciones que consideramos previsibles, no es conveniente brincar del "probablemente responderán haciendo X" al "seguramente responderán haciendo X". Contemplar ese margen de maniobra no es un favor para nuestras contrapartes, sino para nosotros mismos, porque nos permitirá generar una estrategia más resiliente.[iv]

Ok, entonces las personas no funcionan con pilas, ni como robots. Ahora **¿Qué son las personas?**

El término "persona" es bastante antiguo y originalmente proviene del teatro etrusco, donde se refería a las máscaras de los actores, de donde también proviene la expresión "personaje" que utilizamos aun en la actualidad para referirnos a las representaciones de seres humanos en el cine, la radio, la televisión o la literatura. De regreso a la antigüedad, el concepto pasó de los etruscos a Roma, de donde la palabra "persona" llegó al cristianismo como una manera de explicar el misterio de la Santísima Trinidad.

[iv] La resiliencia, de acuerdo con la RAE es la: *Capacidad de adaptación de un ser vivo frente a un agente perturbador o un estado o situación adversos.* El concepto se ha vuelto cada vez más importante tanto en el ámbito psicológico como en el empresarial como una virtud que favorece el éxito a mediano y largo plazo tanto de personas como de organizaciones.

Atravesando dicho puente se integró en las reflexiones de la civilización medieval, donde adquirió la definición de *una substancia individual de naturaleza racional.*[15] Es decir, un ser humano.

Y vaya que la razón nos distingue. Hasta donde sabemos somos los únicos seres del universo con la capacidad de ordenar y relacionar ideas en patrones complejos para interpretar el mundo a nuestro alrededor, o sea: razonar, habilidad de que se refleja en elementos como el de la risa *respecto a algo, basada en un patrón de pensamiento complejo.* Como bien señala Roger Scruton, *ningún otro animal se ríe.*[16]

Quisiéramos pensar que somos seres plenamente racionales, un grupo de Sherlock Holmes caminando por la Baker Street en una plácida tarde de verano, pero no es así. *Los humanos vamos de una ilusión a otra,* somos criaturas emocionales, que *primero tomamos la decisión y luego la racionalizamos,*[17] incluso sin darnos cuenta de ello.

Eso con respecto, a las personas. Pasemos ahora brevemente a definir qué es **la acción humana**.

De acuerdo con Huerta de Soto, *la **acción humana es todo comportamiento o conducta deliberada**[18]* cuyo contenido, que está determinado por cada persona que actúa, comprende *los objetivos que se pretenden, así como los medios elegidos y aplicados para el logro de dichos fines.*[19] ¿Y cómo distinguimos si una acción efectivamente es deliberada, o sea intencional?

Scruton plantea una solución interesante: Una acción es intencional si le es aplicable la pregunta ¿Por qué? Es decir, si tiene un motivo y por lo tanto el agente (la persona que actúa) puede potencialmente explicar sus razones.[20]

Al analizar acciones lo correcto es vincularlas a seres humanos específicos. Aunque por facilidad argumental solemos expresar "el gobierno hizo tal cosa" o "el partido X tomó tal decisión" ello no implica que las organizaciones estén tomando decisiones – actuando – por sí mismas. En realidad, lo que queremos decir es "la persona con tal cargo dentro de la estructura gubernamental hizo tal cosa" o "los integrantes del comité directivo nacional del partido X tomaron tal decisión".

Para acabar pronto, como explica Mises, todas las acciones son llevadas a cabo por individuos, y los colectivos operan a través de la intermediación de una o varias personas. *Es el verdugo y no el estado, quien ejecuta a un criminal…son un grupo de hombres armados quienes ocupan un lugar,*[21] y en ambos casos es el significado que le atribuyen los involucrados lo que a nuestros ojos las transforma en actos de estado.

Dentro de la acción humana, Huerta de Soto sintetiza cuatro elementos fundamentales: los objetivos, el valor, los medios y la utilidad[22], que explicaremos a continuación.

Objetivo. Es **lo que la persona pretende lograr** por medio de una acción determinada. Pensemos por ejemplo en que Fulano Sutanez quiere construir un muñeco de nieve, pero también le gustaría aprender a tocar el piano o a bailar mambo. Ya que el tiempo, el talento, el dinero y demás recursos de Juanito son escasos, no podrá hacer todo lo que quisiera, tendrá que elegir, y para ello optará en primer lugar por aquellas cosas a las que les asigne un mayor valor.

Valor. Es *la **apreciación subjetiva, psíquicamente más o menos intensa, que el actor da a su fin**.*[23] En castellano, es el qué tanto quieres lo que quieres.

Como en el caso de Fulano Sutanez, todos querríamos hacer mil cosas, pero quizá sólo podamos optar por una, dos o tres. *Las personas tienen una escala de valores en su mente…y con base en ella satisfacen lo que es de mayor valor…y dejan insatisfecho lo que es de menor valor.*[24]

Para el señor Sutanez el muñeco de nieve es una diversión interesante, pero bailar mambo es lo que considera puerta a una carrera profesional como artista, para lo cual también considera útil el piano, así que priorizaría el aprender a bailar y luego, si le queda tiempo, el piano y al final quedará el jugar con la nieve.

O tal vez crea que, si hace un muñeco de nieve, captará la atención del amor de su vida y eso es más importante que su futuro artístico, por lo que abandonará el salón de baile para irse corriendo al parque a darle forma a un muñeco con sombrero de copa y zanahoria por nariz.

En cualquier caso, esa es una "apreciación", que depende de lo que percibe la persona y no necesariamente de la realidad, y es "subjetiva": nadie más que Fulano Sutanez puede darle forma a su lista de prioridades, que quizá desde nuestra óptica puedan parecernos absurdas. Entender que las personas actúan en base a percepciones y valoran las cosas a partir de sus propios criterios es la clave para ahorrarnos una infinidad de decepciones y disgustos en toda relación humana y particularmente en la vida política. Podemos tener la propuesta más sólida y bien pensada – o creer que eso hicimos – pero si las personas no la comparten o no la consideran tan prioritaria, simplemente no nos respaldarán con su voto o su apoyo en el debate público, y eso no las vuelve necesariamente "malas", "inmaduras" o "vulgares".

Medio. Es aquel recurso que la persona considera escaso y adecuado para lograr lo que se propone. Si un medio no es percibido como escaso, lo utilizamos de forma inconsciente, sin necesidad de actuar, y aquí nuevamente la palabras clave es "percepción".

Empecemos por la percepción. ¿Cuántas veces has respirado en la última media hora? ¿Cuánto oxígeno has absorbido? Estoy seguro de que desconoces la respuesta a ambas preguntas, y estoy dispuesto a apostarte que ello se debe a que, en la sala, el cuarto, el avión o el toilette donde estás leyendo este libro, el oxigeno no parece ser escaso. Pero si, de repente, por alguna razón te convencieras de que ya no estás en la comodidad de tu sillón, sino en una nave espacial a la deriva o en una cueva que ha quedado aislada de la superficie, comenzarás a contar cada respiro con toda la angustia de tu corazón, pues el oxigeno que te mantiene vivo parece ahora estar agotándose sin posibilidad de recuperarlo. Quizá no estás en el espacio o en una cueva, simplemente algún bromista tapó las ventanas con sabanas de estrellitas y puso bocinas con la banda sonora de Apolo 13, pero para efectos de la acción humana eso es irrelevante, pues **lo único que importa para tu acción es lo que tú crees que está pasando**.

Utilidad. *La apreciación subjetiva que el actor da al medio, en función del valor del fin que él piensa que aquel medio le permitirá alcanzar.* [25] De regreso en el ejemplo de Fulano Sutanez. Él está convencido de que para convertirse en un artista que llene estadios y venda millones de discos el medio más adecuado consiste en aprender a bailar mambo. Tú y yo podemos saber que ese no es el medio correcto para lo que él quiere, porque de entrada el saber bailar no lo acerca a la posibilidad de grabar discos, pero mientras alguien no lo haga cambiar de opinión él seguirá adelante.

Es muy importante recordar que estos cuatro elementos comparten la característica de ser subjetivos y por lo tanto se encuentran anclados a las percepciones, prejuicios, información o desinformación de cada ser humano. Más adelante dedicaremos un capítulo exclusivamente a explicar algunos de estos sesgos, pero por lo pronto vale la pena tener en mente que existen, que son muchos, que son inevitables y que son fundamentales a la hora de *interactuar* con los demás, especialmente cuando esas relaciones se dan en el contexto de la lucha por el poder.

Además es necesario tener en mente que al querer comunicarnos con los demás, entender lo que ellos nos transmiten y actuar en consecuencia: Es decir, **al interactuar, no sólo nos encontraremos con *distorsiones* racionales, sino también con emociones,** incluyendo entre otras *el resentimiento, la culpa, la gratitud y la ira,* que *no son simplemente una versión humana de las emociones que observamos en otros animales,* sino las formas en las que nuestro lenguaje emocional procesa *la espontánea exigencia de responsabilizar*[26] al otro o a nosotros mismos por una situación dada, y que no necesariamente las procesaremos de una forma predecible.

En consecuencia, para ser exitosa, tanto la labor política como su análisis requiere hacer un esfuerzo permanente y disciplinado, no sólo para encontrar la estrategia más adecuada a fin de imponer nuestros deseos, sino, en primer lugar, para entender a aquellas personas con las que compartimos el eternamente cambiante escenario de la interacción.

¿Por qué? Para tener una idea razonablemente exacta de cómo vas a actuar y de qué pretendes debo entender tanto tus intereses "racionales" como tus emociones, aquellas que no vienen de la fría lógica, sino del caliente corazón, y *para entender tus emociones debo saber cómo conceptualizas el mundo.*[27]

Y vale la pena empezar por uno mismo.

3

Dinámica

Las interacciones que forman parte de la política se caracterizan por ser dinámicas. **Están en movimiento constante**. Ello resulta particularmente obvio en el caso de las revoluciones o los cambios de régimen, cuando literalmente caen cabezas y colapsan catedrales. Sin embargo, incluso en tiempos de "paz" y de rutina, aunque en términos generales los rasgos de dichas relaciones permanezcan relativamente inalterados, conforme nos acercamos a estas descubriremos que lo que parecen márgenes estáticos en realidad están sufriendo cambios en forma casi permanente.

Para clarificar la idea pensemos en la frase de Heráclito: "Ningún hombre puede cruzar el mismo río dos veces". Cambia el agua y también cambia la forma del río: su cauce se extiende o se reduce, su velocidad aumenta o disminuye, la erosión va cambiando la forma de su entorno y este a su vez cambia la manera en que fluye el caudal. Lo mismo pasa en las instituciones y las interacciones humanas: las personas cambian, los valores se adaptan, las circunstancias se modifican, el entorno se altera, y procesos o grupos que pueden llevar el mismo nombre se transforman radicalmente en cuanto a su identidad, a sus pretensiones y a sus posibilidades. **Los amigos se vuelven rivales y los jurados enemigos se toman de la mano mientras se proclaman como hermanos**.

En el caso de México este fenómeno se ejemplifica de forma inmejorable con dos personajes de todos conocidos: Cuauhtémoc Cárdenas y Manuel Bartlett.

Cárdenas y Bartlett fueron acérrimos enemigos en las elecciones de 1988, en las que el primero fue el candidato de la izquierda mientras que el segundo fue el Secretario de Gobernación, encargado de organizar el proceso electoral. Después de las votaciones, los datos iniciales parecían darle una ventaja contundente a Cuauhtémoc, pero entonces, hubo un fallo en las computadoras que contabilizaban los votos (la famosísima "caída del sistema") y cuando se volvieron a funcionar, la ventaja de Cárdenas se evaporó.

Carlos Salinas fue declarado como el ganador de los comicios presidenciales, la izquierda alegó que se había cometido un fraude electoral y Bartlett, como máxima autoridad dentro de aquel proceso, se convirtió desde ese momento en uno de los villanos favoritos de la oposición y especialmente del cardenismo.

Así pasaron muchos años, hasta que en el 2003 – con el panista Vicente Fox en la residencia presidencial de Los Pinos – Bartlett y Cárdenas amanecieron un día de otoño con el mismo interés:

Detener la reforma en materia energética, que por entonces se estaba negociando entre el gobierno federal y una parte del PRI, controlada por Elba Esther Gordillo[v].

Entonces, el 7 de noviembre, estuvieron codo con codo frente a los medios de comunicación con el pretexto de la firma de un manifiesto en contra de la reforma, además de compartir fuerza política para llevar a cabo manifestaciones y operaciones que en los siguientes meses lograron frenar al presidente Fox.

En la cerecita de la ironía, la reforma finalmente se aprobó en la administración Peña Nieto (2012-2018), y ahora, en 2018, Bartlett, tras anunciarse que ocuparía la dirección de la CFE[vi], dio un giro de 180 grados, declarando un diario de circulación nacional que "Yo estuve en contra de la reforma energética y aquí en la Tribuna, pero la reforma energética está funcionando".

Estoy seguro de que si te dedicas a la política conocerás quizá decenas de historias similares de amigos que se volvieron enemigos, o viceversa; de grupos muy poderosos que años después se relegaron; de líderes que en su mejor momento atraían multitudes, pero más tarde quedaron en el ostracismo, mendigando una firma o un voto, mientras se

---

[v] Que en ese momento era Coordinadora del PRI en la Cámara de Diputados, cargo al que había accedido gracias a su alianza con Roberto Madrazo. La alianza terminó hecha añicos tras las acusaciones de Elba en el sentido de que Madrazo no había cumplido con los acuerdos que logró ella con el gobierno de Fox. Madrazo fue candidato presidencial del PRI en 2006 y quedó en ridículo. Elba formó su propio partido "Nueva Alianza", el cual perdió su registro en las elecciones del 2018.

[vi] Comisión Federal de Electricidad. Empresa del gobierno que durante décadas ha ejercido un monopolio en dicho sector de la industria mexicana.

aferran a la esperanza de un regreso triunfal que en muchas ocasiones nunca llega, a pesar de que inviertan en él todas las ganancias que acumularon en sus días de gloria.

Para un político profesional, que ha dedicado su vida y muchas veces corrompido su alma para alcanzar las mieles del poder, aceptar esos cambios es muy difícil. Recuerdo el caso de aquel político priísta en retiro cuya oficina siempre tenía personas haciendo antesala …porque el secretario particular de ese personaje les pagaba para que estuvieran sentados ahí, con el objetivo de que al llegar a su despacho el político sintiera que todavía tenía poder, pues había quien lo esperaba.

Y no sólo aplica para ellos. En general, una de las más curiosas reacciones de los seres humanos cuando accedemos a espacios de poder o de comodidad es el de esperar que una vez que hemos llegado a ese punto, las cosas permanecerán así por siempre. **Es la tentación de la permanencia**.

Esa es la tentación que se esconde en el anhelo marxista de una sociedad "sin clases" y en los nacional-socialistas alemanes, que nos ofrecen quizá el ejemplo más melodramático de este fenómeno. Después de su arribo al gobierno, se difundió a nivel internacional la idea de que el "Tercer Reich" duraría mil años, y aunque Hitler[vii] no necesariamente lo haya dicho así, es evidente que creía algo por el estilo, pues incluso desde antes del inicio de la Segunda Guerra Mundial ordenó planificar y comenzar los trabajos

---

[vii] Hay el mito de que sí lo dijo en un discurso al Reichstag, pronunciado en 1939, pero de acuerdo con las traducciones disponibles parece que la referencia de los mil años fue respecto al Primer Reich, es decir: el Sacro Imperio Romano Germánico, y no respecto a su propio régimen.

para construir una nueva capital encima de la ciudad de Berlín, bosquejando inmensas avenidas y enormes edificios[viii], que la harían *comparable sólo con el antiguo Egipto, Babilonia o Roma.*[28]

Lo que sucedió después todos lo sabemos. El Reich de mil años acabó hecho mil pedazos, sus dirigentes se suicidaron o fueron ejecutados, la nación alemana quedó dividida en cuatro zonas de ocupación, que a su vez dieron lugar a la Alemania Federal (conjunto de las zonas francesa, inglesa y americana) y la Alemania "Democrática" (formada por lo que había sido la zona de ocupación soviética), hasta que lograron reunirse en octubre de 1990, ya sin rastro del delirante proyecto del nuevo Berlín ni del Tercer Reich.

Sin embargo, no es necesario contar con una máquina del tiempo para toparse con casos de grandilocuencia injustificada. Están a nuestro alcance en forma cotidiana:

- El funcionario al que nombran como jefe de oficina en un ayuntamiento y llega queriendo rehacer todo para convertirla en su viva imagen, como si fuera a quedarse el resto de su vida, cuando todos saben que, a lo mucho, durará los tres años que permanezca el Ayuntamiento – o en todo caso 6, ahora con la posibilidad de la reelección.

- El ciudadano de a pie que recibe el aguinaldo decembrino y empieza a contratar servicios como si

---

viii Que, por cierto, aun si hubieran ganado la guerra, no habrían podido construir, al menos no en Berlín, porque el suelo es pantanoso y no hubiera soportado los estrafalarios diseños de los arquitectos del régimen.

fuera a recibir una cantidad similar de dinero todos los meses.

- El grupo/mafia/cofradía/logia/casita del árbol que logra colocar a uno de los suyos en una presidencia municipal o gubernatura y se pone a fantasear sobre cómo dominarán esa región durante décadas, en muchos casos sólo para ser derrotados en la siguiente elección y salir del gobierno a patadas con todo y sus ilusiones rotas.

Vamos, que este fenómeno se refleja incluso en el Nuevo Testamento, cuando Jesucristo lleva a los apóstoles Pedro, Santiago y Juan a un monte, donde se transfigura y de pronto aparecen Moisés y Elías, hablando con Jesús. La reacción de Pedro ante la magnificencia de aquel momento es simultáneamente vulgar y muy comprensible: *Señor, ¡qué bien estamos aquí! Si quieres, haré aquí tres tiendas, una para ti, una para Moisés y otra para Elías.*[29] Una voz del cielo lo interrumpió y luego bajaron del monte. Poco tiempo después llegó la entrada en Jerusalén, el juicio y la crucifixión.

De todo lo comentado en este capítulo quiero hacer énfasis en dos lecciones.

1. La primera es que, como alguna vez tuiteó Felipe Calderón, **en política no hay victorias permanentes ni derrotas para siempre.**[30] De hecho una de las grandes ventajas de la democracia partidista es el que facilita esta transición entre derrota y victoria, incentivando a los participantes a mantenerse en el juego institucional en lugar de optar por opciones violentas.

Sin embargo, también implica un desafío para quienes se dedican a la política y para el ciudadano en general: el de entender que tanto los tiempos de gobernar como los de palidecer en la oposición son efímeros. Quienes no asuman esta realidad terminarán, más temprano que tarde, derrotados por su propia arrogancia cuando estén en el poder y ahogados por su propia bilis cuando queden fuera.

2. La segunda es que quien se dedique a la política debe aprender a separar, por decirlo de algún modo "lo personal de los negocios". No confiar en exceso en los amigos, que pueden convertirse en los más amargos rivales, y tampoco agredir de más a los contrincantes, para no convertir una rivalidad de coyuntura en una enemistad de por vida. Nuevamente aquí **la palabra clave es humildad**, porque solo siendo humilde priorizaremos el abrir permanentemente los ojos (para observar y adaptarnos a los cambios en el entorno o en los participantes de la interacción política) y las puertas (para encontrar aliados incluso fuera de nuestras zonas normales de "confort" ideológico o social).

Pensemos por ejemplo en De Klerk y Mandela, dos políticos sudafricanos enfrentados abierta y emocionalmente durante décadas, pero que a principios de la década de los 90's supieron entender bien tanto las circunstancias de su país como las fuerzas externas y las tendencias democratizadoras que siguieron a la caída de la cortina de hierro y el final de la guerra fría, así que tuvieron la madurez como para dejar su odio de lado y colaborar para que Sudáfrica dejara atrás el régimen del apartheid, reemplazándolo por una plena participación de todos sus habitantes, sin importar el color de piel.

Por supuesto, la transición sudafricana distó mucho de ser perfecta: el partido de Mandela se convirtió básicamente en un partido de estado, con casos de corrupción rampante, mientras que las revanchas de violencia racista en contra de los blancos no estuvieron ausentes y los niveles de inseguridad se han mantenido peligrosamente altos, pero aun con todos sus bemoles es uno de los mayores casos de éxito en ese continente.

Por otra parte, quienes analizamos la política también debemos tener claras estas dos lecciones, para no pecar de optimistas en la victoria ni de pesimistas en la derrota, para no exigirle a los políticos que hagan todo desde cero cuando en términos prácticos eso resulta contraproducente, para no alentar a esos mismos políticos a que rompan las reglas de la cortesía que mantienen al sistema en santa paz y – en especial – para no asumir exageradamente como propias las polémicas que en estricto sentido sólo le pertenecen a los políticos profesionales,[ix] mientras que los demás somos en realidad más observadores que protagonistas.

Pero, sobre todo, es necesario entender, como lo dijo Antonio Escohotado, que *la inmovilidad es tan imaginaria como el unicornio o como los dragones medievales, podemos quererla, pero no la vamos a obtener jamás.*[31]

[ix] Es decir: a los candidatos, a quienes los financian y a los miembros cercanos de su equipo, que son los que verdaderamente se beneficiarán en forma directa del resultado de una elección y por lo tanto tienen una mayor justificación para "echarse broncas" personales. Si tu eres solo un simpatizante en Twitter, no tiene tanto sentido el que te pelees a muerte con tu tía de San Luis Potosí por defender/atacar a López Obrador.

4

Intereses

Ok, entonces es una interacción y es dinámica, pero ¿qué es lo que impulsa a las personas a actuar en política? ¿Por qué optamos por dedicarle tanto tiempo en nuestras redes sociales? ¿Por qué la debatimos con el ardor suficiente como para incluso romper amistades? ¿Por qué partimos a la mitad nuestro domingo para buscar la casilla, hacer fila y votar el día de las elecciones? **¿Por qué hay personas que deciden hacer de la política una forma de vida a pesar de todos los desvelos, corajes y traiciones que implica?**

La clave la tenemos en el segundo capítulo. Al hablar de la acción humana mencionábamos que uno de los cuatro elementos que necesariamente la conforman es el *objetivo*: **lo que la persona pretende lograr por medio de una acción** determinada, la cual esa persona seleccionará a partir de una serie de valores y del análisis de la utilidad percibida de los medios que considera tener disponibles.

¿Cuál ese objetivo en el caso de la política?

La respuesta aparentemente sería sencilla y cínica: porque están **siguiendo su interés** económico. Sin embargo, los datos y la experiencia nos plantean una realidad mucho más compleja. No únicamente se trata de pesos y centavos.

Sí, como explica Mises, toda acción es un intento de pasar de un estado menos satisfactorio a otro con mayores niveles de satisfacción. *Una condición menos deseable se negocia para obtener una más deseable,*[32] pero quizá esa satisfacción sencillamente no se ajusta a criterios estrictamente monetarios o de engrandecimiento personal. En muchas ocasiones las personas eligen hacer y pretender cosas que a los ojos de los observadores externos parecen, con mayor o menor razón, ridículas o por lo menos incomprensibles. Además, la satisfacción esperada no necesariamente se obtendrá como resultado de la acción que se realizó (o sea, las personas pueden optar por hacer cosas equivocadas y terminar empeorando en lugar de mejorar).

Entonces, sí, **existen intereses concretos** y – por decirles de algún modo - "racionales", pero **también existen obsesiones, gratitudes y anhelos** bastante más altruistas de lo que pudiéramos pensar en un inicio. La influencia de ninguno de estos factores alcanza el 100%; Por el contrario, en toda decisión humana están involucradas una multitud de variables y percepciones cuya dirección y nivel de influencia cambia de manera constante, incluso sin que la propia persona sea consciente de cómo se lleva a cabo esa negociación, cuyo proceso puede tomar años, o apenas una fracción de segundo, antes de traducirse en un acción definida, como, por ejemplo, la de introducir la boleta marcada en favor de un partido político en la urna electoral.

Para darle su espacio al entendimiento de estos matices, en la definición de política opté por separar en dos grandes conjuntos estos objetivos de la acción individual en el plano político:

- **Los** *intereses*. Aquellos **beneficios directos, materiales o de estatus**, que pretenden obtener las personas como resultado de su actividad política, incluyendo candidaturas, puestos públicos, dinero, posiciones de liderazgo, prestigio, programas sociales, etc.

- **Las** *lealtades*. Aquellos **objetivos que no se traducen en beneficios directos, financieros o de estatus** y que, por el contrario, pueden incluso afectar las condiciones materiales y la presencia social de la persona que los asume como propios. Pensemos, por plantear un escenario, en ser leal a un antiguo mentor político a pesar de que este haya caído en desgracia y sea arriesgado dejar fotografiarse en público con él.

En esta categoría también incluyo aquellas obsesiones y vicios que van en detrimento de la persona que los lleva a cabo, por ejemplo, cuando un político se alcoholiza en forma constante, hasta el punto en que este se vuelve incapaz de mantener la agenda y la agilidad mental necesarias como para tener éxito en su actividad política.

Hecha esta aclaración, pasemos a analizar de forma específica los *intereses*, partiendo de una aclaración necesaria:

Interés **no es necesariamente una mala palabra.**

Un interés, incluso cuando es económico, puede ser perfectamente válido y el reconocerlo es un gran paso para diseñar herramientas que sean más efectivos para distinguir al trabajador honesto, que reclama el salario bien obtenido, del vividor sinvergüenza, que reclama su "apoyo" del estado o al candidato que busca en buena lid un puesto público para brindarle a su familia una mejor calidad de vida, del ladrón de siete suelas que proclama a gritos su amor por la patria mientras se saborea los contratos que va a intercambiar por "regalos".

De hecho, el subyacente sentido de insulto o desconfianza con el que la tratamos, al menos en México, es otra señal de esa divergencia entre ideales y realidades. Asumimos como paradigma el ideal de que las personas deberían actuar por mero amor al universo, pero al mismo tiempo sabemos que ellos – y nosotros – normalmente tenderemos a poner en primer plano nuestro propio interés, y que muchas veces pretenderemos disfrazarlo de generoso altruismo. Este abismo entre la proclama y la vida real nos vuelve innecesariamente recelosos de los demás.

Condenamos silenciosamente al presidente, al vecino, al patrón y al sacerdote por no elevarse a la altura de unas expectativas que, siendo sinceros, tampoco alcanzamos.

Para superar la cultura de la corrupción y del cinismo es muy importante empezar cerrando estas brechas, y entendiendo que el que una persona actúe movida por su interés no necesariamente significa que esta sea inmoral o injusta. Al paso del tiempo quizá ello nos permita reconocer en público la verdadera razón que nos impulsa a actuar de una cierta forma, liberándonos a todos del muladar de resentimientos y suposiciones en que se han convertido muchas de las relaciones entre individuos, particularmente cuando en estas se encuentra involucrado el poder.

Dicho esto, ya que la política es una labor bastante compleja y muy intensiva en cuanto al esfuerzo y tiempo que es necesario dedicarle para tener una medida razonable de éxito, **es inevitable que sean los más *interesados* en adquirir poder quienes tienden a ingresar, perseverar y prosperar en ella.** Pensemos en el caso de México:

- Aproximadamente 56.6 millones de personas votaron en las elecciones presidenciales del año 2018.
- De acuerdo con el INE, ello representa un porcentaje de participación del 63.4%, considerando que en aquel momento en la lista nominal había 89,250,881 personas[33] inscritas.
- También de acuerdo con el Instituto Nacional Electoral, al 27 de septiembre hay un total de 13.85 millones de personas que están inscritas dentro del padrón de los diversos partidos políticos,[34] incluyendo más de 11.5 millones tan solo en el PRI y en el PRD.

Ahora, el que alguien esté inscrito en un padrón no significa necesariamente que esa persona esté emocional o activamente involucrada con dicho partido. Es evidente que tanto el PRI como el PRD tienen padrones brutalmente inflados a través de afiliaciones corporativas, al grado de que mientras el Partido de la Revolución Democrática presume una lista de 5.2 millones de miembros, en las últimas elecciones presidenciales alcanzó apenas 1.4 millones de votos. En 2018, **menos de uno de cada tres "perredistas" se tomó la molestia de votar por el PRD.**

Si entráramos al terreno de las personas que verdaderamente están involucradas en la vida interna de cada partido: opinando, asistiendo a las reuniones informativas de los comités, haciendo grilla para obtener puestos, etc., veríamos **que el número de estas difícilmente rebasa los cien mil a nivel nacional,** debido a que la estructura misma de los partidos solo puede sostener un número limitado de puestos laborales para repartir entre sus militantes. Sumando todas las formaciones políticas quizá alcancen medio millón de personas, pero poco más.

Pasamos de 80 y tantos millones que están en la lista nominal porque consideraron la política como algo digno de dedicarle una mañana haciendo el trámite en el módulo del INE, a poco más de 50 millones que votan, 13 millones que están inscritos en los partidos y **poco más de medio millón que verdaderamente están involucrados de lleno.**[x]

¿Cuál es la criba que va separando los distintos niveles de involucramiento? La del **interés y la lealtad.**

El interés es también parte fundamental de las campañas políticas, y probablemente uno de sus reflejos más claros es el de la **compra de votos.**

Para ponerle números, de acuerdo con el Barómetro Global de la Corrupción: América Latina y el Caribe 2019,[35] publicado por Transparencia Internacional, la mitad de los mexicanos ha recibido una oferta para comprarles el

---

[x] Otro millón y medio aproximadamente se interesan por la política, la comentan y la siguen desde las organizaciones de la sociedad civil, las empresas o por lo menos la tranquilidad de sus teclados y redes sociales. Son a lo que se conoce como el "círculo rojo" del que hablaremos en la segunda parte del libro.

sufragio, ubicándonos en el poco agradable primer lugar de la región, por encima de República Dominicana (46%), Brasil (40%) y Colombia (40%).

Aquí hay un curioso ejemplo de esa incoherencia que nos caracteriza como seres humanos:

La compra de votos *al contado,* otorgando dinero a cambio de que Juan Pérez vote por el Candidato X, **es vista a nivel mundial como un acto despreciable** y que ningún partido reconocerá como una de sus estrategias; a pesar de que, como ya comprobamos al observar las estadísticas, esta actividad (por lo menos en México) es un *pecadillo* generalizado, en el que difícilmente un partido político puede presumir la inocencia necesaria como tirar la primera piedra a sus rivales.

La compra de votos *a crédito,* otorgando la promesa de un ingreso económico futuro para Juan Pérez si es que vota por el Candidato X, es una herramienta que se asume como algo plenamente correcto en las democracias modernas, al grado de que podríamos entender las campañas electorales como una *laaaarga* subasta de votos.

Prácticamente todas las campañas de todos los colores caen en esta situación, ofreciendo apoyos y nuevos programas sociales en caso de ser electos. Algunas, como la presidencial de Ricardo Anaya en 2018,[xi] optan por una estrategia directa. Su gran propuesta inicial fue el "IBU" Ingreso Básico Universal, un apoyo a repartir a partes iguales entre todos los habitantes del país y pensado para reemplazar/perfeccionar

---

[xi] Candidato a Presidente de la República en México. Obtuvo el 22% de los votos y perdió contra López Obrador, que se quedó con más del 53% de los apoyos.

programas de apoyos sociales que en el pasado han sido acusados de utilizarse como instrumento de presión electoral por parte de todos los partidos.

Eventualmente la propuesta de Anaya se sintetizó en un envoltorio de papel para tortillas con la leyenda **"¿Cómo te caerían $1,500 pesos mensuales?"**, mientras que otras, como la de Alfredo del Mazo, candidato del PRI a Gobernador del Estado de México en 2017, eligen disfrazar la compra de votos con sentimentalismo, proponiendo el *"salario rosa"*, un apoyo económico directo a las mujeres que cumplan con ciertas características de edad o vulnerabilidad.

La pregunta obvia entonces es: si Anaya se dirigió directamente a los intereses de las personas ¿por qué le pasaron por encima hasta con el camión en la elección presidencial? La respuesta es que obviamente no era el único en la cancha. **Todos los políticos profesionales están compitiendo con otros por la atención de los ciudadanos**, que en medio de la vorágine de sus vidas cotidianas escuchan apenas difusos argumentos y deben optar entre ellos en base a lo que perciben del personaje, del partido y del entorno nacional.

Como veremos en los capítulos correspondientes a las campañas y los medios de comunicación, **los mensajes políticos más exitosos son aquellos que logran captar ese pequeño espectro de atención** que los votantes le dedican a la política.

Además, hay otras variables en juego: las estructuras en tierra, los acuerdos cupulares para la compra y acarreo de votos, la lealtad y participación de los simpatizantes de cada partido.

En el caso de Anaya, un análisis inicial me lleva a apostar en el sentido de que un mensaje tan brusco en el sentido de 1,500 pesos mensuales **resultó contraproducente** con varios sectores de ciudadanos, empezando por los simpatizantes tradicionales del PAN, que asocian la compra de votos con las técnicas de la odiada izquierda y del priísmo, pero también creo que le afectó con los ciudadanos apartidistas.

¿Por qué?

En primera, porque **muchos prefieren que los regalos de dinero estén disfrazados en forma sensiblera**, de forma en que se sientan más como un acto de justicia reivindicativa que como una mera limosna.

En segunda, porque **esencialmente toda campaña o gobierno es una historia, y el secreto de una buena historia es el misterio.** En una campaña normal, los votantes piensan: "Si el candidato X gana, él va a apoyarme a mí para tener trabajo, nos va a dar becas, nos va a regalar la casa y el carro" y mil cosas más, incluso sin necesidad de que el candidato X las haya prometido realmente pues, como señalamos desde el inicio, para efectos de la acción humana, lo que es verdaderamente decisivo es lo que las personas creen, y eso no necesariamente coincide con la realidad.

Por el contrario, **al plantear tan abiertamente su propuesta de los $1,500 pesos mensuales, Anaya acabó con el misterio** y plantó de manera intencional ese número como referencia en las mentes de los posibles votantes. Juan Sufragante, que al escuchar a López Obrador se imaginaba rellenándose los bolsillos con miles de pesos en gasolina gratis, trabajo nuevo, la casa de sus sueños y la valiosa joya de la venganza contra los "fifís", se topaba después con un papel para tortillas en el que Ricardo le ofrecía mil quinientos pesos, y obviamente **ese número resultaba una decepción**.

Nota para los candidatos que estén leyendo esto, y por favor no la usen para hacer maldades: Como regla general, cuando opten por coquetear con los intereses del ciudadano para ganar la elección, el mensaje central de sus campañas debe ser lo suficientemente claro como para atravesar la marea de distracciones que lo separan de sus votantes, pero al mismo tiempo lo suficientemente difuso como para permitir **que cada persona llene los detalles con su imaginación**.

¿Ese modelo no le funcionó a Anaya porque el problema era Ricardo o porque el problema es el dinero?

Para responder la pregunta un buen estudio de caso nos llega desde la elección interna del Partido Demócrata para elegir a quien desafiará a Donald Trump por la oficina oval de la Casa Blanca en 2020. Aproximadamente 250 personas[36] están compitiendo como candidatos, incluyendo a Andrew Yang, cuya propuesta estrella es el Freedom Dividend,[37] que le entregaría a cada estadounidense $1,000 dólares mensuales.

Yang, que era un completo desconocido hasta hace unos meses, recibió el impulso de una marea de simpatizantes en internet – incluyendo algunos que hace 4 años apoyaron a Trump – está en sexto lugar dentro de su partido, con un 2% de los apoyos y una tendencia descendente, de acuerdo a la encuesta publicada por el New York Times el 27 de septiembre del 2019.[38]

En pocas palabras: Se encuentra a años luz de los punteros, no ha logrado superar el umbral de quienes lo apoyan por ser una curiosidad de internet y prácticamente no tiene posibilidades de ganar.

Literalmente al otro extremo, tanto de la geografía como de las estrategias, en la Argentina de mediados del siglo XX encontramos a los Perón. Sus políticas fueron desastrosas, pero el manejo de mensaje fue tan exitoso como para convertir al general Juan Domingo y a su esposa Evita en los personajes más trascendentales de la historia de su país – lo que en mi opinión es la gran tragedia de la nación sudamericana, pero eso es tema para otro libro.

Por lo pronto, lo relevante es que, a través de sus estrategias, los peronistas construyeron no sólo una simple estructura de movilización electoral, sino un auténtico culto a la personalidad de su líder, y lo hicieron **mezclando las apelaciones al interés del elector (léase, la compra de votos) con una pátina de justicia y de amor** que todavía en nuestros tiempos siguen recordando con lágrimas en los ojos millones de argentinos.

Como muestra van un par de botones, extraídos de un panfleto en forma de libro de "lectura" que el gobierno peronista repartía en las escuelas para uso de los alumnos de primero de primaria.

Aquí el primero:

Trabajo a mi papito,
Juguetes para mí,
Remedios a mi abuelito
Y mamita feliz…

Todo eso te debemos
Y lo quiero decir...
¡Evita que en el cielo
Descansarás al fin!...[39]

Y tantito peor el segundo:

Los niños recibieron los juguetes que les envió Evita.
Yolanda, Inés, Zoilo y Ubaldo están contentísimos.
¡Qué buena es la señora de Perón! dice Ubaldo.[40]

Es meloso y es absurdo, pero también fue tremendamente efectivo.

Finalmente, ¿el interés es un riesgo mortal para la política institucional?

Sin lugar a dudas, el interés desbordado y mal formado puede ser letal para la democracia y para cualquier sistema de gobierno, pero ello no implica una desahucio absoluto. Estados Unidos lleva más de 200 años con **un régimen republicano bastante exitoso**. En el Reino Unido funciona sin mayores contratiempos desde la Revolución Gloriosa a finales del Siglo XVII, en los cantones suizos las prácticas de la descentralización han dado bueno resultados desde épocas incluso anteriores.

La clave consiste en tener una serie de contenciones, tanto legales como sociales, que mantengan las ambiciones dentro de un margen manejable, permitiendo que los actores políticos cuenten con un mínimo de certeza respecto a sus perspectivas de acceso al poder y las reglas que deben respetar para seguir participando en el juego.

Instituciones como los partidos políticos, a pesar de ser relativamente novedosos, han demostrado ser razonablemente efectivos en evitar que la sangre llegue al río.

Al final del día sigue sonando como una atemorizante pero sensata advertencia la de esa reflexión, incorrectamente atribuida a Alexis de Tocqueville[xii] pero correctamente orientada en el sentido de que *la democracia no puede existir como una forma permanente de gobierno*, ya que una vez que una vez que la mayoría descubra que puede votar para recibir riquezas del tesoro público, votará por el candidato que le promete mayores beneficios, eventualmente el gasto se vuelve insostenible y la democracia es reemplazada por una dictadura y luego por una monarquía.

En todo caso, para impedir o al menos aplazar ese turbulento destino, es necesario hacer el esfuerzo por contener el impacto negativo de los intereses desatados y eso se vuelve mucho más factible cuando los intereses y los actos están a la luz, por eso es tan importante la transparencia.

[xii] En realidad, parece que fue publicada por primera vez en un artículo de opinión, titulado "This is the Hard Core of Freedom" y firmado bajo el nombre Elmer T. Peterson en la página 12 de la sección A de The Daily Oklahoman, el 9 de diciembre de 1951.

5

Lealtades

Pasamos ahora a las lealtades, que definimos como **aquellos objetivos que no se traducen en beneficios directos**, financieros o de estatus y que, por el contrario, pueden incluso afectar las condiciones materiales y la presencia social de la persona que los asume como propios. Como explica Sowell, *nos sacrificamos por nuestras visiones, de ser necesario, enfrentamos la ruina antes que traicionarlas.*[41]

Las lealtades juegan principalmente en el terreno emocional. Son lo que **"hace latir nuestro corazón"**, los afectos que la persona preserva muchas veces incluso a pesar de que las estadísticas, los vecinos y la historia le griten que no está en lo correcto. Un claro ejemplo son las aficiones deportivas: los fanáticos de los Cachorros de Chicago, de las Ligas Mayores de Beisbol, mantuvieron la fidelidad a su equipo durante más de un siglo de sequía, hasta que en 2016 ganaron la serie mundial, por primera vez desde 1908.

Si viviéramos en un mundo donde solo contara el *frío interés* hubiera sido mucho más lógico que todos los fans de los Cachorros cambiaran su banderín por el de los Yankees de Nueva York, que en ese mismo periodo ganaron la friolera de 27 series mundiales.

¿Por qué no lo hicieron? Porque en la elección de a qué equipo deportivo se respaldará está en juego mucho más que lo que sucede sobre el terreno. Al adoptar un equipo la persona le transfiere parte de su identidad, lo que también implica que se siente más valiosa cuando su equipo triunfa y sufre la humillación cuando su equipo es derrotado. Esta lealtad se vincula con otras, como por ejemplo la lealtad a la ciudad en la que se nació o en la que se vive, de forma que la simpatía deportiva se convierte en un acto cívico en incluso político. Para un ejemplo bien caricaturizado de este fenómeno te recomiendo ver Los Simpsons, concretamente dos capítulos:

- El primero es "Hungry, Hungry, Homer", décimo quinto episodio de la temporada 12, en la que Homero se entera de que el dueño de los Isótopos de Springfield está tratando de llevarse el equipo a la ciudad de Albuquerque y decide – yendo en contra de todos sus instintos – declararse en huelga de hambre hasta que la verdad salga a luz.

- El segundo es el tercer episodio de la vigésimo octava temporada, titulado "The Town", donde Homero se escandaliza después de que Bart[xiii] opta por usar la

---

[xiii] En la parte inicial del episodio, Bart encarna el pleno interés de "apoyar al ganador" adoptando los colores de los Patriotas de Nueva Inglaterra (apenas disfrazados como "Los Americanos") por el simple hecho de anhelar convertirse en uno de los ganadores.

gorra de los odiados "Americanos" de Nueva Inglaterra en lugar de la de los Átomos de Springfield.

¿Cómo se vincula la afición deportiva con nuestro tema, que es la política?

Bueno, en primer lugar, porque los resultados del equipo pueden ser definitivos a la hora de que los ciudadanos evalúen la calidad de vida en su localidad y el trabajo de las autoridades gubernamentales. Hace algunos años así me lo confirmó un cercano colaborador del entonces gobernador de Aguascalientes: Realizaban un seguimiento de la opinión pública por medio de encuestas, cuando el equipo de futbol ganaba su partido del fin de semana, la satisfacción de las personas y el respaldo a las autoridades aumentaba; cuando el equipo perdía también caía el apoyo al gobierno, a pesar de que este no tuviera nada que ver con las decisiones en la cancha. Este fenómeno se llama heurística afectiva, y significa que *pensamos en función de cómo nos sentimos.*[42]

Y en segundo lugar, porque la lealtad que desarrollamos hacia nuestro equipo de futbol o beisbol se parece mucho hacia la que desarrollamos por "nuestro" partido político o nuestra nación.

Ahora, otras dos consideraciones sobre la lealtad.

- **Primera:** Una vez que hayamos asumido una simpatía partidista, esta **tiende a integrarse dentro de nuestra identidad**, llevándonos a estar dispuesto incluso a romper con amigos o familiares en defensa de nuestros colores.

Justificamos a piedra y lodo las tropelías de nuestra gente, mientras condenamos con flamígera determinación las tropelías de los contrarios. Así es como, casi sin darnos cuenta acabamos brindando a viva voz, junto con Stephen Decatur, "¡**Nuestro país, que ojalá en sus trato con las naciones extranjeras siempre tenga la razón, pero con la razón o sin ella, nuestro país!**"[43] y lo mismo aplica hacia la figura del líder, asumido como algo propio.

La lealtad entonces **nos lleva en muchas ocasiones a *suspender* el razonamiento lógico** que aplicamos en los demás espacios de nuestra vida cotidiana. Una persona puede ser absolutamente razonable para dialogar acerca de la ciencia referente al cultivo de los nabos, contrastando ideas, visualizando argumentos y aceptando réplicas, pero ese mismo ser humano, tan civilizado el resto del tiempo, pierde absolutamente cualquier capacidad de crítica cuando se trata del gobierno de su país: todo lo que hace el presidente está mal, toda crítica en contra de dicho funcionario es valiente y válida, incluso aunque en tiempos anteriores esa misma persona haya descartado por banal o inverosímil una crítica similar, pero dirigida contra un político que sí le simpatiza.

- **Segunda: La lealtad a un grupo no necesita incubarse durante mucho tiempo** antes de florecer en acciones concretas. Por el contrario, los seres humanos parecemos estar diseñados para interpretar y navegar el mundo en base a identidades, que podemos asumir en forma casi automática, para distinguir entre amigos y enemigos partiendo de elementos que no necesariamente son ideológicos o morales; puede ser algo tan sencillo como el color de una etiqueta.

Robert Kovach narra un curioso y ligeramente espeluznante fenómeno: El maratón de Londres, uno de los seis más importantes del mundo, atrae cada año aproximadamente a 40,000 corredores provenientes de todos los rincones del mundo. Son tantos participantes que no sería práctico que salgan de un mismo punto, así que los organizadores normalmente establecen tres diferentes lugares de salida, cuyas rutas eventualmente se unen en una sola trayectoria, cuando las diferencias en la velocidad de los corredores han diluido un poco el tráfico, y para evitar confusiones se asigna un color a cada grupo de salida.

Bueno, pues *conforme las rutas comienzan a converger...muchos de los corredores **empiezan a abuchear a los corredores que provienen de un grupo de salida con diferente color.***[44] Todos son corredores, no tienen ni idea de las ideologías o nacionalidad de los demás. La única diferencia es el lugar desde el cual salieron, lo que evidentemente es irrelevante, pero eso basta para detonar un sentido de lealtad hacia el propio color y rechazo hacia los colores ajenos.

Todo grupo político digno de tal nombre coloca como una de sus prioridades el incentivar este sentido de lealtad, que puede tomar muy diversas formas, desde la teatralidad de las ceremonias de iniciación en las logias masónicas hasta los procesos de mentoría y padrinazgos en las "escuelas de cuadros" partidistas, además de la realización de eventos masivos, la entrega de distintivos materiales o sociales que demuestren una posición de prestigio y, en todos los casos, la formación ideológica, la cual curiosamente sirve más para establecer un vínculo emocional con una institución/liderazgo determinado que con las ideas en sí.

La lealtad se puede desarrollar en torno a una persona, a una institución o a una visión.

El problema de construirla alrededor de una persona es que cuando esta muere o cae en desgracia, el grupo construido a su alrededor colapsa casi de inmediato e incluso si su líder está bueno y sano, sólo podrá crecer tanto como lo permita el contacto directo con él. Por ello es que durante el siglo XVIII y XIX, conforme la política dejó de ser territorio de un puñado de aristócratas para convertirse en tema de masas, las antiguas camarillas fueron reemplazadas o en todo caso absorbidas primero por las logias y luego por los partidos políticos. Logias y partidos tienen la ventaja de que no están construidas exclusivamente alrededor de una persona, sino de una estructura que puede permanecer incluso aunque su fundador ya no controle los hilos.

Eso explica el que, en la época moderna, cuando se da la rara circunstancia de un liderazgo capaz de despertar amplios niveles de lealtad, este se esfuerza por traducir dicho ímpetu en un partido organizado, como podemos comprobarlo pensando en Perón con el Partido Justicialista, en Argentina; Chávez con el PSUV, en Venezuela o Uribe con el Partido de la U y el Centro Democrático, en Colombia.

También se puede desarrollar lealtad hacia una visión, aprendida ya sea en los libros o en el ejemplo del alguien más y defendida incluso a costa de la prisión o de la muerte. La gran mayoría de los mártires cristianos nunca conocieron personalmente a Jesucristo, pero fueron cantando a enfrentar a los leones en el Coliseo romano porque eran profundamente leales a una visión de la trascendencia del alma, del regalo de la salvación y de la misericordia infinitamente generosa de Dios.

A ellos se aplica lo que Jesús le dijo a Tomás: porque me has visto, has creído; *dichosos los que sin ver creyeron.*[45]

La lealtad a una visión es la que también impulsa, todavía en el 2019 a miles de personas a salir a las calles de Venezuela a plantarle cara a la dictadura de Nicolás Maduro a pesar de la evidente superioridad represora del régimen y las constantes decepciones respecto a las estrategias de quienes dirigen los grupos opositores, que en muchos casos parecen, ellos sí, enfocados más bien en el interés de lo que puedan negociar o en la lealtad a su propio ego, que en la libertad que dicen pretender.

En cualquier caso, **el adhesivo que atrae y mantiene fijas las lealtades es el de la narración.**

Todo líder, gobierno o grupo construye una historia de sí mismo, en la que refleja su cultura y su trayectoria, preferentemente con un carácter heroico o trascendente. Incluso empresas del sector privado, como Levi Strauss, IBM, GE, Nike o Coca Cola cuentan con *folcloristas*[46] dedicados exclusivamente a preservar la trayectoria de sus respectivas marcas y generar insumos que transmitan sus valores al flujo de la cultura corporativa.

Para plantear un ejemplo emblemático pensemos en la revolución cubana. Castro y sus guerrilleros partieron de México hacia la isla a bordo del yate Granma y una vez en el poder le pusieron ese nombre tanto al periódico oficial del régimen como a la provincia donde arribaron.

Antes de derrotar a Batista, se escondieron en la Sierra Maestra, que se mantuvo casi un mantra para los castristas todavía muchas décadas después.

Tras el viraje al comunismo, enfrentaron con éxito una pésimamente planeada rebelión de exiliados anticastristas en la Bahía de Cochinos, y hasta la fecha siguen presumiendo la dudosa hazaña.

A esto hay que sumarle la icónica fotografía del Che Guevara como parte del esfuerzo mediático de la izquierda internacional, desde el New York Times hasta los gritones de pueblo, para fabricar y distribuir el mito de los jóvenes barbudos que derrotaron al dictador para establecer la paz y la felicidad en una isla paradisiaca.

El sentimiento de lealtad e identificación emocional resultante fue tan poderoso que incluso cuando salieron a la luz las atrocidades de los revolucionarios y el absoluto fracaso de su régimen, **muchos intelectuales de plano se negaron a ver la realidad y otros atravesaron por un proceso literalmente doloroso** para desprenderse de la imagen idílica que habían impreso no tanto en el cerebro, sino en el corazón.

En 2016, cuando murió Fidel Castro, un cuarto de siglo después del final de la guerra fría, lo hizo cobijado por un manto de halagos que ciertamente habrían sido el deleite de muchos otros dictadores que fueron menos sanguinarios y corruptos que él, pero que no tuvieron la misma suerte de contar con una narrativa a prueba de realidades.

Todas las acciones que realizan las personas tanto al interior del propio grupo como externamente, de cara la sociedad en general, abonan a esa narración, sin importar que el actor así lo pretenda o no. Aquellos que no sepan darle forma a su historia o no entiendan la importancia de esta, terminarán en una enorme desventaja, que a largo plazo será políticamente letal, pues **serán definidos por sus rivales, y esa mancha puede perdurar durante siglos**, como sucedió en el caso de la leyenda negra contra España. Hoy en día es académicamente indefendible el mito de la Inquisición Española[xiv], pero a pesar de ello sigue atorado en las mentes de millones de personas y permanece en la literatura de bajo nivel por su utilidad como arma política.

Dice Javier Milei que "dato mata relato". A Milei lo admiro profundamente por su labor como economista y divulgador, pero está completamente equivocado.[xv] En la política real los datos son prácticamente irrelevantes: es aburrido investigarlos, es difícil corroborarlos cuando nos los dice alguien más y sus inevitables matices nos arrastran a una trampa de arenas movedizas que terminan atorando la conversación. Allá afuera, incluyendo en el mundo académico, lo que verdaderamente hace la diferencia es el relato.

Por supuesto, como en cualquier otra narración, es importante no romper la "cuarta pared" con un argumento que sea tan inverosímil como para destruir el encanto.

Es más fácil construir una buena narración cuando hay datos sólidos, pero sin olvidar que los datos por sí mismos nunca convencerán al número suficiente de personas para inclinar la balanza en nuestro favor. Simplemente no despertarán las lealtades necesarias para obtener resultados en política.

[xiv] Está más que claro que era un tribunal incluso "moderno" para los estándares de la época y que el supuesto genocidio de herejes en la hoguera sólo existió en las mentes de escritores con más imaginación que apego a los hechos.

[xv] De hecho, la propia trayectoria de Milei y su estilo profundamente teatral para defender la libertad individual y la libre colaboración es un testimonio contundente del poder de la narración para llevar las ideas más allá de un grupo compacto hacia la sociedad en general.

Otro elemento a tomar en cuenta para consolidar la lealtad al interior de un grupo humano y especialmente en el terreno de la política es la transparencia. Cuando los actos de una persona están expuestos al juicio de los demás, el actor tiende a cumplir con lo que percibe como comportamientos esperados por parte del grupo y eventualmente los internaliza como parte de su rutina o hasta de su identidad.

Ese fenómeno es el que explica que en las reuniones entre personas que trabajan juntas normalmente se acabe el café antes que el pan dulce. Anthony Gill explica que, en sus reuniones de la facultad, las personas hacen una fila para la comida, *tomando una dona o dos, y llenando sus tazas con café. Después de un corto tiempo, las personas regresan por otra porción.* Eso era de imaginarse, lo interesante pasa después, *Cuando queda una dona…la siguiente persona en acercarse a la bandeja usualmente corta la dona la mitad, usualmente seguida de alguien más que corta esa mitad en otras dos mitades, dejando una cuarta parte. El consumo de la dona típicamente se detiene ahí.*[47]

Y no es porque les falte hambre. Continua Gill explicando que *las personas quieren comerla, pero ninguna parece querer reclamar la última fracción. En una comida reciente, un colega de otra escuela incluso dijo que es un adicto a las donas, pero nunca tomaría la última por completo, sino que le cortaría la mitad.*[48]

¿Por qué?

Por una sencilla y tácita regla al interior de los grupos humanos: *La persona que consume la última porción de un recurso escaso suele ser etiquetada como "tacaña", alguien que no se preocupa por los intereses de los otros.*[49]

Comerse el último pedazo de dona es percibido como un acto de deslealtad hacia el resto de los participantes. En cambio, el café se agota porque al estar en una jarra de metal no resulta notorio quién fue el desconsiderado que se tomó la última taza.

En forma mucho más macabra este mecanismo es utilizado por las sectas como parte de su proceso de *lavado de cerebro,* ilustrado en forma tan cómica como entendible en el décimo tercer episodio de la novena temporada de Los Simpsons. El capítulo al que me refiero, titulado "The Joy of Sect" narra la llegada a Springfield de un nuevo grupo que se hace llamar "Los Movimentarios", que rápidamente esclaviza a buena parte de la población – incluyendo Homero y familia – usando un retiro de fin de semana como instrumento para enganchar a sus víctimas.

Durante ese fin de semana los asistentes al retiro son "invitados" a ver una película gratuita, que resulta ser un muy barato film de propaganda explicando las maravillas del "líder" y cómo él guiará a sus seguidores a un nuevo planeta llamado Felicidonia. Rápidamente algunos intentan salirse de la función, empezando por Carl y Otto, pero los miembros de la secta lo impiden, al enfocarles la luz y exhibirlos tácitamente ante los demás como "desagradecidos" por querer abandonar la función y rechazar la hospitalidad de sus anfitriones. Unos instantes después sólo basta con un guiño de la lámpara para desanimar a los potenciales fugados y seis horas después los ojos de todos[xvi] brillan con la promesa de *felicidad y amor no garantizado.*

[xvi] Excepto Homero, que inventó una película en su cabeza, porque la que estaban proyectando le pareció aburrida, pero la moraleja se mantiene.

Ahora, una vez más, **lealtad e interés no operan en forma excluyente. Se complementan de manera dinámica**. Dependiendo del momento, el tema, incluso el estado de ánimo, una persona estará dispuesta a tolerar ciertas afectaciones a su interés a cambio de mantener ya sea su lealtad racionalmente elegida hacia alguien/algo más o su vinculación identitaria con una idea u objetivo.

En consecuencia, entre más intensa sea la presión que se ejerce por el lado del interés, mayores probabilidades hay de que la persona abandone su lealtad a cambio de lo que percibe como un bien más satisfactorio. Este principio, cínicamente promulgado en la época de la revolución mexicana con la receta de que nadie resiste un cañonazo de $50,000 pesos, sigue siendo más que vigente en la actualidad, y por eso es tan importante que las iniciativas de combate a la corrupción, en los gobiernos o en las empresas privadas no sólo se enfoquen en cursos de capacitación, códigos de ética y proclamas semejantes, sino también en castigos que sean ágiles y efectivos en contra de los infractores, de modo que los funcionarios reciban incentivos para ser honestos tanto en el espacio de las lealtades como en el de su interés.

¿Hasta qué punto se sostienen las lealtades? Depende de la persona. Hay quien vende a su abuela por un dólar y en el otro extremo están los mártires dispuestos a ofrecer su vida misma en favor de una causa.

El resto de las personas estamos en un punto intermedio. Pensemos una vez más en los mártires del cristianismo. La recompensa de la salvación estaba abierta a todos los creyentes, pero no todos están dispuestos a tomarla, incluso aunque crean en ella.

Esto es incluso más claro en el caso del Islam y la tradicional promesa de los hadices en cuanto a que los mártires de la yihad obtendrán siete recompensas, incluyendo 72 mujeres vírgenes. Cientos de millones de personas creen en la veracidad de esa promesa, pero solo un puñado está dispuesta a sacrificar su vida presente antes de tiempo para adelantar el gozo permanente.

Incluso los más acérrimos defensores de un planteamiento ideológico pueden hacer excepciones a su lealtad a este cuando ello les implica un beneficio económico o político lo suficientemente elevado.

Stalin, por ejemplo, estuvo dispuesto a permitir que millones de sus súbditos murieran de hambre a causa del monumental fracaso de la *ortodoxia* marxista-leninista en el terreno de la agricultura[xvii]. Stalin respaldó con el puño de hierro del régimen a Trofim Lysenko, quien desarrolló con la bendición del régimen una "agronomía" a la luz de los paradigmas comunistas, rechazó los avances científicos de los "burgueses" y a cambio *defendía un sistema donde el ambiente podía conseguir cualquier cosa. Frente a la competición darwinista, proponía que las plantas cooperaban entre sí.*[50]

Sin embargo, cuando charlatanes similares a Lysenko intentaron hacer algo parecido en el ámbito de la física, el propio Stalin los paró en seco y se aseguró de que en el proyecto nuclear de la Unión Soviética estuvieran trabajando científicos competentes, incluso aunque sus descubrimientos

---

[xvii] Las ideas de Lysenko se convirtieron en política oficial de la URSS y probablemente incluso miles de científicos que no estaban de acuerdo con él fueron degradados, arrestados y hasta asesinados.

no se adaptaran al dogma socialista. Dejó de lado *las bizarras conspiraciones* de "ataques Troskistas" que solían usarse como pretexto en otros proyectos y se esforzó en ofrecerle a sus científicos nucleares un nivel de vida muy superior al de la proletaria igualdad del trabajador soviético.

Directamente le dijo a Igor Kurchatov (el jefe del proyecto atómico) "*Nuestro estado ha sufrido mucho, pero seguramente es posible asegurar que muchos miles de personas puedan vivir muy bien, y muchos miles más incluso mejor que muy bien, con sus propias casas de campo para que puedan relajarse, y con sus propios autos.*"[51] No solo lo dijo. Lo cumplió, triplicando los recursos para ciencia y entregándoles autos y casas de campo a los principales científicos del programa nuclear, justo después de la Segunda Guerra Mundial, cuando cabría imaginarse que los presupuestos estaban muy limitados.

Es decir, estaba dispuesto a ser leal al marxismo hasta la muerte…de millones de sus esclavos, pero cuando era su propio poder lo que estaba en juego, dependiendo del resultado de su programa nuclear, se volvió alguien más parecido a un CEO de empresa norteamericana que al dictador inhumano que era el resto del tiempo.

Para poner un ejemplo menos genocida, volteemos la mirada hacia Thomas Jefferson, uno de los padres fundadores de los Estados Unidos.

Él inicialmente respaldaba con todo su corazón a los revolucionarios franceses; incluso perseveró en su apoyo cuando los crímenes de la revolución comenzaban a conocerse del otro lado del Atlántico, al son de: *Mis propios afectos han sido profundamente lastimados con algunos de los mártires provocados por esta causa, pero preferiría que la mitad de la tierra fuera asolada en lugar de verla fracasar.*[52] Sin embargo, eventualmente cambió de opinión y *se volteó contra la revolución francesa, conforme el costo humano se elevó por encima de lo que estaba dispuesto a aceptar.*[53]

Por lo tanto, no es fácil analizar a una persona, ni siquiera cuando se trata de un político profesional, cuyos actos y declaraciones están públicamente disponibles. Incluso aquellas que parecen ser sus más sólidas convicciones pueden desmoronarse ante la presión correcta, incluso los que pudieran ser sus intereses más *anhelados* pueden quedar de *lado* ante una lealtad de la infancia o un deseo más profundo, que quizá nunca ha articulado en palabras o del que ni siquiera es consciente hasta que llega el momento.

Complementando el panorama están los vicios, **cuya potencia puede ser lo suficientemente poderosa como para empujar hacia la catástrofe a un líder** que aparentemente tenía todo servido en bandeja de plata para construir una carrera larga y exitosa.

Por supuesto, lo primero que viene a nuestra mente al imaginarnos un caso así son las drogas y el alcohol, y es cierto que en muchos casos el propio estrés y la soledad inherente a la profesión política generan un escenario de riesgo.

Tras un día de una reunión tras otra, de simular sonrisas, de contener enojos, de planear golpes y recibirlos, el tipo al que imaginamos llega a su departamento de lujo en una buena parte de la ciudad, y lo único que hay para acompañarlo es una botella de whisky para adormecer el dolor o una línea de coca, para sentirse el rey y recuperar la confianza.

Pasan dos, cinco, diez años, y la soledad permanece; el hábito se agrava, los rumores se esparcen, pero mientras no existan pruebas contundentes, nuestro político sigue adelante, encabezando campañas contra las adicciones mientras esconde la copa y la línea en el cajón de su escritorio.

De repente hay un video, un testimonio, un documento que demuestra que el político es un adicto o, peor aún, que a media borrachera cometió un crimen o tal vez una indiscreción grave.

A partir de ese momento, quien posea las pruebas se convierte en su dueño.[xviii] El político se aferra a su carrera y cede ante el extorsionador. Empieza a traicionar a sus amigos, a cambiar el sentido de sus votos sin que nadie entienda por qué.

La acumulación de estrés le pasa factura y él responde con más alcohol o más drogas, y genera un círculo vicioso, hasta que finalmente pierde la campaña, se queda sin el respaldo de su grupo, deja de ser importante hasta para el extorsionador, que simplemente lo deja en paz. Y desparece entre las cantinas, recordando sus tiempos de gloria, condenando a los que lo traicionaron, construyendo en su mente la historia donde él era el funcionario que México necesitaba pero que nunca recibió la oportunidad de brillar.

[xviii] La técnica de usar información de actos ilegales o indiscretos para garantizar la "lealtad" de alguien no sólo se usa en la política. Recientemente fue muy famoso el caso de la secta Nxivm, encabezada por Keith Raniere y en especial su grupo privado de esclavas, conocido como DOS. Para ingresar a ese grupo, las víctimas tenían que entregar material comprometedor, que sirviera como mecanismo para que no se atrevieran a revelar lo que pasaba en el grupo y para castigarlas con la humillación pública o hasta la cárcel si es que desafiaban la extorsión.

Si tú trabajas en el ámbito político seguramente conoces más de alguna historia que se parece al menos un poco al estereotipo que acabo de narrarte y espero te sirva también como parábola de advertencia para no caer en ese error. Sin embargo, los vicios no sólo llegan envueltos en botellas o en grapas.

> *El vicio implica descentrar la acción y la emoción, de forma que el "yo" ya no tenga el control para determinar lo que la persona siente o hace. El vicio es, literalmente, la pérdida de autocontrol, y la persona viciosa es alguien en quien no podemos confiar en términos de obligación y compromiso.*[54]

Podemos adquirir el vicio de las drogas o el de la lujuria, pero también el de humillar a los demás, el de comer en exceso, o el de comprar relojes de lujo.

Todos esos vicios son un riesgo potencialmente letal para nuestra carrera y nuestra vida en lo que sea a lo que nos dediquemos, pero especialmente en la política.

Cada uno de esos vicios se traduce en dos tipos de desgaste:

- **El de nuestra persona.** Por ejemplo, el sobrepeso eventualmente lleva a adquirir enfermedades crónicas y a reducir nuestra inteligencia además de dificultar el funcionamiento del resto del cuerpo. Aun así, quienes tenemos el "gusto" por la comida vamos de dieta en dieta por el valle de lágrimas…y de chocolates, tlacoyos o hamburguesas, incapaces de detener la condena que cotidianamente firmamos contra nosotros mismos.

- **El de nuestro trabajo.** Por ejemplo, un político que sea adicto a microgerenciar o a humillar a sus colaboradores, los desgastará, obtendrá de ellos un apoyo de menor calidad y eventualmente acabará rodeado de ineptos o aduladores dispuestos a decirle que sí a todo y aguantar un sinfín de humillaciones, mientras están a la caza de algún beneficio a costa del político al que sirven con mitad sumisión y mitad desprecio.

Llegado el momento de una campaña de cara a la sociedad o de un trabajo interno para convencer a los demás integrantes de un grupo político para que los apoyen, esos dos políticos tendrán una grave desventaja respecto a los rivales. Quizá podrán compensarla durante algún tiempo a base de dinero o de intrigas, pero **cada nuevo paso les será más difícil que a sus contrincantes y eso acabará haciendo la diferencia** tarde o temprano.

Aquí alguien me puede recordar: "Oye, pero Winston Churchill era alcohólico y aun así fue un líder trascendental para Inglaterra", o quizá me puedan mencionar el muy conocido caso de un político mexicano cuya fama de alcohólico solo es superada por su habilidad política.

Sí, pero acuérdense de que las excepciones no anulan la regla. Por cada Churchill hay tal vez unos diez mil fulanos que debido al trago nunca pasaron de pegar calcomanías o de algún cargo de regidor en Ayuntamiento. Regla general, **si no eres Winston Churchill no trates de imitarlo.**

6

Lucha

Hace un par de siglos, el general Carl von Clausewitz escribió que *la guerra es una mera continuación de la política por otros medios. Vemos, por lo tanto, que la guerra no es simplemente un acto político, sino también un verdadero instrumento político, una continuación del comercio político, una búsqueda de los mismos* [objetivos] *por otros medios,*[55] y tiene razón.

Al final del día, la diferencia entre un conflicto armado y una confrontación diplomática o partidista está a nivel de tácticas y no de objetivos. Quienes participan en el conflicto político tienden a ser aquellas personas que más anhelan los beneficios que promete el poder, y por lo tanto tienden a estar dispuestas a ir más allá, incluso a poner en riesgo sus vidas o mucho a menudo las de otras personas, con tal de obtenerlo.

Este es quizá uno de los aspectos menos agradables de la actividad política. La lucha puede ser no solo feroz, sino directamente asquerosa, involucrando traiciones, mentiras, insultos. Es tentador omitir este aspecto, especialmente cuando se pretende impulsar la "participación ciudadana" o incentivar la simpatía hacia alguna formación política en particular. Entonces escuchamos: "es que los contrincantes sí hacen todas esas malas mañas, pero en cambio aquí, en nuestro partido/movimiento/grupo/logia/casita del árbol no hacemos eso; aquí todos trabajamos por amor a la patria".

El resultado es que cuando las personas eventualmente se dan cuenta de que todos cojean del mismo pie, optan por retirarse al son de *todos los políticos son iguales*.

En todo caso, **tendría mucho más sentido distinguir a los políticos, como lo hacemos respecto a los militares**, entre aquellos que operan con un mínimo de decencia, de siguiendo las reglas – legales y no escritas – de la confrontación y quienes son capaces de romper todos los diques con tal de darle vía libre al flujo de sus ambiciones. En otras palabras: todos los políticos, al igual que todos los soldados, están involucrados en una lucha constante, que en ocasiones puede involucrar acciones que en tiempos de paz serían condenables, pero que en guerra son, por lo menos, comprensibles.

¿Cómo distinguir entonces a los normales de los verdaderamente malos? Les propongo que, como regla de buen cubero, adoptemos el famoso refrán que dice *a puñaladas iguales, llorar es cobardía*. Siempre y cuando las acciones de un grupo o un líder estén en el rango de lo que es normalmente utilizado o esperado en un entorno específico, y no causen daños prevenibles a personas inocentes, las acciones estarán justificadas incluso aunque nos parezcan desagradables desde nuestra perspectiva como observadores ajenos al calor de la refriega.

Ahora, en algunos entornos, las acciones comúnmente empleadas y esperadas por quienes forman parte del conflicto por el poder incluyen violencia. En la guerra se pretende desarmar al enemigo y la forma más fácil de hacerlo suele ser matándolo.[xix] **No es bonito, pero en muchas ocasiones es absolutamente necesario**, no solo para salvar el propio pellejo, sino para proteger a los civiles que están detrás de las líneas del campo de batalla. Algunas decisiones en tiempo de guerra son directamente monstruosas, pero pueden volverse necesarias y a la hora de analizarlas es importante tener en cuenta el contexto que llevó a los responsables a decidirse, por ejemplo, por la opción de lanzar la bomba atómica contra Nagasaki e Hiroshima.[xx]

Afortunadamente, en el mundo occidental tenemos ya casi 75 años sin necesidad de resolver nuestras disputas políticas por medio de la violencia, y más allá del ocasional magnicidio, accidente o disparador solitario, los políticos

---

[xix] Aun así, el asesinato es algo que va tan en contra de los instintos y del normal sentido de decencia humana que todavía en las guerras mundiales muchos soldados, sobre todo aquellos que habían sido enrolados como conscriptos, procuraban disparar hacia arriba, para no herir a los enemigos que tenían en frente.

[xx] Algunos analistas señalan que de no haberse detonado las bombas hubiera sido necesaria una invasión terrestre de la isla principal de Japón por parte del ejército de los Estados Unidos o que – peor aun – la Unión Soviética habría continuado su avance, conquistado la isla y obtenido el control total de la región Asia-Pacífico. Ambas opciones habrían resultado en un numero significativamente mayor de víctimas civiles, lo que por supuesto no anula el gigantesco sufrimiento de quienes tuvieron la terrible fortuna de estar en Hiroshima y Nagasaki cuando cayeron las bombas.

tienden a morirse de viejos, mientras que el servicio militar se ha convertido en países como México en una mera formalidad que implica sembrar árboles y no matar personas.

La pregunta es ¿Por qué? ¿Qué es lo que define si los rivales políticos optan por matarse o se limitan a decirse leperadas en debates televisivos?

La respuesta está de regreso en el capítulo segundo. Dentro de los elementos de la acción humana encontramos en primer lugar el **objetivo**, que en el caso de la política y la guerra esencialmente es el mismo: el poder; dicho objetivo tiene un enorme **valor**, incluso por encima de cualquier otra cosa, para quienes se dedican a esta lucha, tanto en el campo de batalla como en las campañas electorales.

La diferencia entonces está en los otros dos elementos: el **medio** y la **utilidad**. Quienes pretenden hacerse con el poder optan por la confrontación violenta cuando consideran que ese camino es el medio más útil para cumplir con su objetivo. Normalmente llegan a esta conclusión por una de tres razones, que también pueden estar mezcladas:

1. En ese entorno **no existen las reglas institucionales** que permitan acceder al poder de forma pacífica.
2. Sí existen las reglas, pero **hay la percepción de que los contrincantes no las respetarían** en caso de que uno acceda al poder.
3. O, simplemente, **el líder político es un sociópata** o un ególatra que se quiere sentir el gran conquistador.

En el **primer** caso estamos ante una ausencia de leyes e instituciones – o el colapso de las que anteriormente existían – lo que hace necesario recurrir a la violencia[xxi] para someter a los rivales, amedrantar a potenciales opositores y generar un consenso lo suficientemente sólido como para establecer instituciones que eventualmente legitimen nuestro dominio.

En el **segundo** caso estaba México en el Siglo XIX. Existía una Constitución y un cuerpo normativo, pero en el fondo nadie creía que los demás lo iban a respetar, así que quien quedaba fuera del poder de inmediato comenzaba a planear la proclamación del siguiente "plan" para desatar una guerra civil y volver a negociar en el campo de batalla las posiciones que creían merecer.

Porfirio Díaz logró romper ese círculo vicioso al abrirle espacios en su gobierno tanto a lo que quedaba de los conservadores como las personas que habían apoyado a sus rivales dentro del partido liberal,[xxii] aunque luego cometió el gravísimo error de no entender que la política es *dinámica*.

No sólo se eternizó en el poder, sino que también momificó las estructuras políticas de los estados, de modo que cuando Díaz ya no tuvo la fortaleza como para mantener congelado el río de las ambiciones, este se desató con una furia irracional, sometiendo al país a 30 años de una "revolución mexicana" tan absurda como sangrienta y contraproducente.

Finalmente, en el **tercer** escenario tenemos a los fanáticos que simplemente quieren incendiar al mundo o que

---

[xxi] Pensemos, por ejemplo, en la revolución rusa (1917) y la revolución francesa, tras el colapso de la monarquía (1792)

[xxii] Díaz compitió tanto electoral como militarmente contra Benito Juárez y Sebastián Lerdo de Tejada, antes de hacerse con el control del país.

encabezan una posición radical y saben que no podrían aspirar a ganar elecciones, así que optan por generar caos con la esperanza de pescar el poder en el río revuelto, como pretendían, por ejemplo, los asesinos de la Liga Comunista 23 de Septiembre en el México de la década de los 70s.

En muchos casos estos actos de violencia se derivan de una estrategia conocida como "foquismo" y popularizada en América Latina[xxiii] por el Che Guevara, que en su libro sobre la guerra de guerrillas señaló que *no siempre hay que esperar a que se den todas las condiciones para la revolución; el foco insurreccional puede crearlas.*[56] Por cierto, el *foquismo* fue un fracaso que le costó la vida al propio Che, a cientos de guerrilleros y a miles de víctimas inocentes.

Entonces, si queremos que la lucha política se mantenga en cauces pacíficos lo que necesitamos es tener reglas institucionales, contar con una fuerza que garantice razonablemente su cumplimiento y aislar a los fanáticos antes de que hagan demasiado daño. El sistema de partidos está diseñado exactamente para cumplir con esos tres preceptos: Genera un marco normativo, incentiva un sentido de certeza respecto a su cumplimiento y *jala* a los partidos hacia el centro, dejando aislados a los elementos más radicales de las diversas ideologías.

¿Cómo lo hace? Por medio de 3 mecanismos.
1. El de compartir el poder.
2. El de darle certeza al proceso dinámico de la lucha política

---

[xxiii] Quien la explicó en términos teóricos fue Regis Debray, particularmente en el libro que lo lanzó a la fama entre la izquierda internacional, titulado ¿Revolución en la revolución? y publicado en 1967.

3. El de generar condiciones para la convivencia cotidiana de los rivales políticos.

Primero, el sistema de separación de poderes y la coexistencia de estructuras de gobierno a nivel local, regional y nacional abren una multitud de posibilidades para que todos los grupos políticos puedan acceder al menos a una pequeña parte del pastel.

En el momento en que reciben su rebanada se convierten inevitablemente en beneficiarios del sistema, lo que los compromete a colaborar en su preservación. El ácido crítico de las instituciones y las leyes, que exigía la revolución recibe de pronto una cartera de gabinete o un puesto de diputado; seguirá criticando, para no perder cara ante sus seguidores, pero las críticas reducirán su intensidad y con el paso del tiempo se integrará en el consenso político con tanta exactitud que será difícil recordar que alguna vez no perteneció ahí.

Eso sucedió con Lula en Brasil o Mujica en Uruguay, fueron guerrilleros en su juventud, pero eventualmente mutaron en políticos de partido y cuando llegaron al poder gobernaron esencialmente como socialdemócratas, un giro explicado con una mezcla de humor y amargura por Eduardo Galeano: *el poder es como el violín, se toma con la izquierda, pero se toca con la derecha.*[57]

En el caso de México, el sistema federal, aunque dudosamente aplicado en términos reales, sí sirvió al menos como el pretexto normativo para permitir una repartición paulatina del poder, para integrar a la oposición sin necesidad de derramar sangre en una confrontación armada o de enfrentar la incertidumbre inherente a un golpe de estado.

Como explica Alonso Lujambio, durante la transición política de finales del siglo XX, el sistema federal fue de enorme utilidad para *desempantanar la situación política... permitiendo la distribución del poder entre los partidos en el nivel estatal y atemperando el carácter mayoritario y excluyente, así como el potencial conflictivo, de la siguiente elección presidencial.*[58]

Segundo, la existencia de reglas claras y de un consenso que las respalde permite darles a los perdedores la fundada esperanza de que en un tiempo determinado volverá a haber elecciones y ellos tendrán una oportunidad de tomar revancha en las urnas. Esa sola esperanza hace que, en comparación, la perspectiva de irse al monte con rifle en mano, abandonando familia y riquezas a cambio de una vida cruel, pobre e insegura *a salto de mata*, parezca poco atractiva. Quien pierde la elección está terriblemente enojado los primeros días, pero más pronto que tarde comienza a trabajar pensando en la siguiente, hasta que ello se convierte en su modo de vida.

Tercero, las instituciones parlamentarias y la estructura multinivel del gobierno permiten la convivencia cotidiana de personas que pueden estar radicalmente enfrentadas en sus posiciones ideológicas, pero que con el paso del tiempo serán cada vez más parecidas en su forma de vida. Cuando la política se convierte en profesión, el radical de la derecha y el radical de la izquierda terminan comiendo en los mismos restaurantes, asistiendo a los mismos eventos, saludándose años tras año en los pasillos del congreso, enfrentados en unos temas y aliados en otros. Sus esposas -o esposos – y sus hijos se conocen entre sí, porque incluso van a las mismas escuelas, y aunque no se den conscientemente cuenta de ello, se vuelven compañeros, e incluso amigos.

Para explicarlo mejor, le cedo el teclado a George Orwell, concretamente en la carta que envió en abril de 1938 a Stephen Spender:

> *Pregunta usted por qué le ataqué sin conocerle y por qué por otra parte cambié de opinión después de conocerlo. No recuerdo haberlo atacado, aunque ciertamente hice de pasada algunos comentarios ofensivos sobre los "bolcheviques de salón, como Auden y Spender ", o algo por el estilo. Estuve dispuesto a usarlo a usted como símbolo del bolchevique de salón porque: A, sus versos, al menos los que había leído, no me habían transmitido mucho que digamos, y B, yo lo percibía a usted como una clase de persona exitosa y a la moda, además de ser comunista o simpatizante comunista…y **como no lo había tratado en persona podía referirme a usted como un estereotipo y una abstracción.***

> *Después de conocerlo, incluso si usted no me hubiera caído bien, yo habría estado obligado a cambiar de actitud, porque **cuando conocer a alguien en carne y hueso, uno entiende de inmediato que él es un ser humano y no una especie de caricatura que encarna ciertas ideas.** Es en parte por esta razón que no me mezclo mucho en los círculos literarios, pues sé por experiencia que **una vez que haya conocido y hablado con alguien ya no podré demostrar ninguna brutalidad intelectual en su contra,** incluso aunque sienta que debería hacerlo, como esos parlamentarios del partido Laborista a quienes los duques les dan una palmada en la espalda y se pierden para siempre.*[59]

Justamente para evitar este fenómeno los conflictos bélicos involucran el condicionamiento de los soldados y la "deshumanización"[xxiv] de los enemigos, como hicieron los ejércitos de la Segunda Guerra Mundial al emplear *calificativos como "krauts", "Japs", "gooks"*,[60] pues sin dicho condicionamiento muchos soldados simplemente optaban por disparar hacia arriba para no matar a los enemigos.

Estos últimos párrafos han sido escritos desde la perspectiva de lo que le conviene a los políticos, y queda claro que esa convivencia, a la que algunos con cierta razón pueden calificar como complicidad, tiene evidentes beneficios para los grupos de poder. Pero ¿y para los ciudadanos?

También.

Porque **no importa que tantas tropelías cometan los políticos en tiempos de paz, siempre serán mucho peores en tiempos de guerra**, tanto por el hecho de que la violencia trae a la luz los peores aspectos de la personalidad humana como porque un entorno de muerte y sangre le facilita llegar al poder a los que disfrutan asesinando, de manera que cuando optan por el camino de la constante guerra civil los países no solo acaban sometidos a una clase peor de políticos, sino que los impulsos destructivos de estos "líderes" no están contenidos por los diques jurídicos o institucionales que los hubieran al menos frenado un poco en un sistema con estado de derecho.

[xxiv] Esa deshumanización también explica en buena medida la violencia verbal en las redes sociales, particularmente Twitter, donde las personas son reducidas a una imagen de perfil y un argumento abstracto, a quienes es mucho más fácil insultar y descartar como enemigos sin redención posible.

La mayor parte de las naciones africanas son el vivo ejemplo de esta tragedia: expulsaron a los jefes coloniales, que ciertamente no eran ningunas damas de la caridad, pero optaron por "remediar las injusticias" por medio de la violencia y acabaron sometidos a dictadores africanos de nacimiento, pero mucho más crueles que los europeos, como Idi Amin (Uganda), Mugabe (Zimbabue) u Omar Al-Bashir (Sudán).

Para acabar pronto, en el caso de los movimientos para liberar una nación de una dictadura, quienes optan por mecanismos de lucha no violentos tienen 53% de posibilidades de éxito; Por el contrario, los movimientos que deciden recurrir a la violencia logran derrocar al régimen apenas en el 26% de los casos e incluso cuando son de esa cuarta parte que triunfan en un primer momento, en apenas un 5% de los ejemplos analizados lograron convertir al país en una democracia funcional.[61] Dicho de otro modo, si tu movimiento se pone a matar gente es prácticamente imposible que triunfen en el largo plazo.

De ahí la enorme importancia de que las personas aprendan a pelear por el poder político sin necesidad de sacarse las tripas entre sí. A primera vista pareciera algo sencillo, después de todo los seres humanos en general tenemos una gran reticencia a matar al prójimo, pero en realidad es muy difícil. Pueden requerir décadas e incluso siglos desarrollar el entramado de regulaciones, reglas no escritas y costumbres que hacen posible esta lucha por medios pacíficos y que hace toda la diferencia del mundo.

Comparemos lo que les pasó a los líderes que encabezaron los movimientos de independencia de México y de Estados Unidos. Prácticamente todos los principales padres fundadores de los Estados Unidos murieron de viejos, a excepción de Alexander Hamilton, que murió en un duelo a manos de otro padre fundador, Aaron Burr. Por el contrario, básicamente todos los personajes principales de la independencia de México, desde Hidalgo hasta Iturbide y Guerrero, murieron fusilados.

En la Unión Americana incluso los relativamente raros casos donde la ambición política derivó en violencia armada fueron resueltos de manera "privada", mientras que en México tanto conservadores como liberales simplemente fueron incapaces de llevar la fiesta en paz, y de hecho tardaron bastante en aprender. Todavía después del final de la revolución había diputados que iban pistola al cinto a la Cámara.

Como podemos ver, aunque el riesgo de la violencia siempre está presente en cualquier confrontación humana, también es posible contenerla.

En México nos ha tomado casi doscientos años desarrollar esas reglas no escritas que permiten mantener un mínimo de concordia, y **es algo que debemos valorar, porque la alternativa de la violencia siempre será mucho peor** que cualquier politiquería electoral.

7

Poder

¿Y qué es lo que quieren obtener por medio de sus luchas? **El poder.** ¿Qué es el poder?

El diccionario lo describe como *tener expedita la facultad o potencia de hacer algo*, pero esa definición no basta para nuestros propósitos. Dentro de las cosas que normalmente conceptualizamos como ***poder*** podemos encontrar dos grandes categorías:

La primera es aquellas cosas que tenemos la capacidad de hacer por nosotros mismos. Por ejemplo, mientras estoy escribiendo este capítulo tengo a la mano una taza de café con leche y yo *puedo* tomar la taza y beber el café antes de seguir redactando. Yo también puedo levantar una televisión o mover un refrigerador. En estos ejemplos yo tengo lo que pudiéramos considerar un ***poder directo***, que no depende de lo que las demás personas piensen respecto a mí.

El poder político es distinto, pertenece a una segunda categoría, la del ***poder indirecto***, que depende de que las demás personas acepten que tenemos el *poder* para tomar ciertas decisiones y actúen en consecuencia, respaldando nuestras determinaciones, cumpliendo nuestras ordenes o al menos resignándose a nuestra autoridad.

El líder político o el gobernante, léase un presidente municipal, gobernador o presidente de la república, sólo tiene poder en la medida en que el resto de las personas a su alrededor le reconocen dicho poder. Estamos básicamente ante una fantasía colectiva, que aceptamos porque consideramos que **nos brinda una mayor protección que la alternativa de una jungla de ambiciones**.

Al final del día todas las leyes no son más que literatura, libros de hechizos que únicamente funcionarán en la medida en que las personas invocadas por ellas respondan al llamado. Justamente es por esto que las medidas de resistencia civil son tan efectivas como medida de presión contra los gobiernos, porque rompen, aunque sea en una pequeñísima proporción, la fantasía colectiva que sostiene a la estructura de poder político, y sin ese respaldo los gobiernos, de izquierda o derecha, quedan condenados al destino del Rey Ataulfo.

En algún lugar de Europa, al llegar a una hermosa colina coronada únicamente por el verde pasto del verano, el guía de turistas se dirige al grupo y les menciona con gesto exagerado:

Este es el lugar donde el Rey Ataulfo ordenó construir un magnífico castillo, con 30 torreones, 20 salas y 50 calabozos.

Los turistas observan asombrados y muchos toman la foto de rigor, hasta que uno del grupo levanta la mano y pregunta:

-¿Y por qué en esta colina no vemos ningún castillo?

- Ah, lo que pasa es que al Rey Ataulfo no le hicieron caso.

Es difícil apuntar hacia una sola clave del poder político. Para que no les pase lo que al pobre Ataulfo, los líderes políticos necesitan garantizar que su poder sea respetado por los demás, a través de distintos mecanismos que funcionan en forma complementaria y que eventualmente se fusionan en un sentido de legitimidad: La fuerza bruta, la capacidad de repartir premios, el conocimiento, la representación legal, la tradición, la autoridad moral, etc., pero al final del día lo único que verdaderamente importa es la percepción de los demás, porque ellos actuarán en base a dicha percepción, sin importar que sea correcta.

Un par de ejemplos.

El primero es la historia de *El gato con botas*, un cuento de la literatura medieval que se ha mantenido vigente durante por lo menos cinco siglos. Trata del hijo de un molinero que recibe por única herencia un gato, pero este no es un felino ordinario. El gato le pide a su amo un par de botas y calzando con ellas puso en marcha un ingenioso plan para ganarse la confianza del rey y convencerlo de que el hijo del molinero era el Marqués de Carabás. Como parte de su plan, el gato recorre las tierras que pertenecían a un ogro y por medio de amenazas logra que los campesinos le digan al rey que los campos eran propiedad del imaginario Marqués, de manera que para cuando la comitiva real llega al castillo del ogro (a quien el gato se había comido después de convencerlo de que se convirtiera en ratón) este ya se ha convertido en el palacio del Marqués, que obtiene también la mano en matrimonio de la hija del monarca. **El poder es percepción**.

El otro es de Game of Thrones, particularmente un par de escenas. La primera, incluida en el primer episodio de la segunda temporada, titulado "The North Remembers" es una conversación entre Cersei Lannister y Petyr Baelish.

Petyr amenaza a Cersei con revelar que ella sostiene una relación incestuosa con su hermano Jaime y le afirma que "el conocimiento es poder"; Cersei replica ordenando a los soldados de su guardia que lo sometan y le corten la garganta, pero después les ordena que lo suelten y antes de que Baelish pueda recuperar la compostura le replica finalmente "el poder es poder". Sin embargo, ambos tienen solo una parte del rompecabezas, porque en realidad tanto el conocimiento (de Petyr) como la fuerza militar (de Cersei) son simples herramientas para obtener la sumisión de los rivales. Es decir, **el acto definitivo del poder no es el del "poderoso" sino el del rival que lo reconoce**.

Ello nos lleva a la segunda escena, que forma parte del tercer episodio de esa segunda temporada "What Is Dead May Never Die", donde Varys, el jefe de espías del reino y Tyrion, la "mano del rey"[xxv] conversan con una copa de vino bajo el amparo de la noche:

[xxv] Una mezcla entre jefe de gabinete y primer ministro.

Varys: El poder es una cosa curiosa, mi señor. ¿Le gustan los acertijos?

Tyrion: ¿Por qué? ¿Estoy a punto de escuchar uno? Varys: Tres importantes hombres están sentados en una sala: Un rey, un sacerdote y un rico. Entre ellos hay un mercenario común y cada uno de los tres hombres importantes le hace una oferta al mercenario para que mate a los otros dos. ¿Quién vive? ¿Quién muere?

Tyrion: Depende del mercenario.

Varys: ¿De verdad? Él no tiene corona, ni oro, ni el favor de los dioses.

Tyrion: Él tiene una espada, el poder sobre la vida y la muerte.

Varys: Pero si son los espadachines quienes gobiernan, ¿por qué pretendemos que los reyes tienen todo el poder? Cuando Ned Stark perdió su cabeza, ¿quién fue verdaderamente responsable? ¿Joffrey [el que ordenó la ejecución]? ¿El verdugo? ¿o algo más?

Tyrion: He decidido que no me gustan los acertijos.

*Varys: **El poder reside donde los hombres creen que reside. Es un truco, una sombra sobre la pared.***

¿Cuáles son las formas que asume esa *sombra* del poder político? Las del dinero, por supuesto, pero también las de esa adictiva sensación de autoridad provocada por las reacciones de las personas a nuestro alrededor. Aquí va una anécdota personal:

Hace unos diez años fui nombrado parte del Comité Directivo Municipal del Partido Acción Nacional, concretamente en la cartera de "estudios". El puesto no incluía salario, y su "poder" en términos prácticos era básicamente de cero, cuando mucho me permitía votar en las sesiones de Comité, como un voto más entre veinte. Era, por lo tanto, el escalón más insignificante que pueda uno imaginarse en la escala de autoridad partidista. Bueno, pues en la primera *reunión informativa* de los lunes a la que asistí en mi carácter de miembro del comité municipal me saludaron con sorpresiva amabilidad al menos una decena de personas que nunca antes me habían siquiera dirigido la palabra. Si eso sucede con un cargo esencialmente decorativo, imagínate lo que vivirá un alcalde, un gobernador o un presidente de la república cuando gana las elecciones y sobre todo cuando toma protesta del cargo.

Como decía la tradicional anécdota priísta: *"¿Qué hora es? La hora que usted diga, señor presidente"*. Eso inevitablemente marea a cualquiera, y abre las puertas a una infinidad de tentaciones de corrupción, que serán más intensas en tanto más concentrado esté el poder en manos de una sola persona o grupo político.

Ese riesgo ya lo señalaba William Pitt en su discurso a la Cámara de los Lores en 1770 que *"el poder ilimitado es apto para corromper las mentes de quienes lo poseen"*[62] concepto complementado con la inmortal frase de Lord Acton: ***"el poder tiende a corromper, y el poder absoluto corrompe absolutamente,*** *los grandes hombres son casi siempre malas personas, incluso cuando ejercen influencia y no autoridad."*[63]

El poder no solo corrompe a quienes lo poseen, sino que la propia perspectiva de acceder al poder es capaz de vencer los diques morales de las personas, y mayor será el peligro en tanto mayor sea la presunta recompensa por obtener.

Si a ti te ofrecieran un chocolate *Milky Way* a cambio de matar a una persona, seguramente dirías que no. Si te ofrecieran $10 millones de dólares, quizá lo pensarías un poco más, y sí te ofrecieran $50 millones a cambio no de matar a alguien, sino tan solo de traicionarlo, probablemente aceptarías, y en el mero hecho de imaginar esa respuesta está la semilla de la corrupción, a la que nadie es plenamente inmune.

Aquí recuerdo la respuesta que Manuel Clouthier[xxvi] le dio a Ricardo Rocha en aquella histórica entrevista durante la campaña presidencial mexicana de 1988:

> *…yo permitiría que el Procurador de Justicia de la Nación lo nombraran los partidos de oposición nuestra, para que nos cuidaran las manos a nosotros los panistas… Porque yo creo que la democracia es balanceo del poder, porque todos los humanos podemos cometer errores… y entonces para que no se cometan tenemos que cuidarnos las manos unos con otros.*[64]

Por lo tanto, **si de lo que se trata es de minimizar los riesgos y efectos de esa corrupción, el camino evidente es el de apostar por la descentralización del poder y por la transparencia.** La descentralización no solo se refiere a repartir facultades entre municipios, estados y gobierno federal, sino también a ceder ciertas facultades a organismos

---

xxvi Candidato del PAN a la presidencia de la república en 1988.

externos, léase consejos o comisiones que no sean nombradas directamente por el poder ejecutivo y que por lo tanto se conviertan en espacios de contrapeso, o al menos de negociación que eviten que el presidente se convierta en un monarca sexenal.

En México justamente de eso se trataron las reformas que a partir de la segunda mitad de los 90s dieron lugar a la creación de organismos constitucionalmente autónomos, como el Banco de México, el Instituto Nacional Electoral, la Comisión Nacional de Derechos Humanos, el Instituto Nacional de Estadística y Geografía, el Instituto Federal de Telecomunicaciones, la Comisión Federal de Competencia Económica o el Instituto Nacional de Transparencia, Acceso a la Información y Protección de Datos.

Cada uno de estos alejó un poco de las garras del ejecutivo la toma de decisiones respecto a la economía, el seguimiento de las políticas públicas y la información sobre los gastos del gobierno, esencialmente debilitando a la figura presidencial al incrementar el número de participantes en la toma de decisiones.

Sin embargo, aunque la transición mexicana fue razonablemente exitosa a la hora de separar algunos ámbitos de decisión, fracasó rotundamente el otro gran escenario de la concentración de poder, el de los recursos presupuestales. En 1950, en el amanecer del sistema político moderno de nuestro país, el 78.3% del presupuesto se iba a la federación, el 18.4% a los estados y el 3% a los municipios.[65]

Cabría esperar que junto con el paso a la democracia hubiéramos avanzado hacia una repartición más equilibrada, especialmente teniendo en cuenta que buena parte del énfasis del proceso de la transición estaba dirigido a construir un auténtico estado de derecho y que teóricamente somos una república federal, donde los estados soberanos deberían llevar mano. Sin embargo, sucedió justo lo contrario, la repartición de recursos no sólo no se equilibró hacia los ámbitos locales, sino que se centralizó todavía un poco más, con el gobierno federal absorbiendo el 80% del total, contra apenas un 16% para los estados y un 4% para los municipios. [66] Bajo un disfraz retórico de amor al federalismo todos los gobiernos de la alternancia han seguido alimentando el monstruo del gobierno federal, y lo único que varía ligeramente es el tono de los pretextos, de izquierda o de derecha, desde Fox hasta López Obrador. Como diría Mick Jagger, ***los viejos hábitos son difíciles de matar***.

Ahora, ¿cómo preservan ese poder? A través del consenso.

Ron Paul señala que, *incluso los regímenes autoritarios no duran si no existe una aceptación general de su dominio por parte de las personas*.[67] Ahora, hablar de **aceptación no significa necesariamente un alegre respaldo, sino que en muchas ocasiones basta con una resignada apatía** o con una mezcla de miedo e intereses.

En el caso de las democracias y las monarquías constitucionales no hay mucho más por añadir: el estado de derecho le brinda a los ciudadanos un sentido de certeza que supera en valor a la incomodidad de aguantar la intromisión de las regulaciones gubernamentales y los altísimos impuestos, a cargo de una muy efectiva máquina hacendaria encargada de cobrar cuotas que llegan a superar el 50% de los ingresos[xxvii] del "ciudadano", un nivel que habría sido impensable salvo en las peores tiranías de la época medieval.

Lo verdaderamente interesante es que este concepto de la *aceptación general de su dominio* aplica también en el caso de los países sometidos a dictaduras. Pensemos por ejemplo en los casos de Venezuela y sobre todo de Cuba; es evidente que en ambas naciones los resultados ofrecidos por sus gobernantes son mucho menos que exitosos.

¿Por qué, entonces, permanecen? ¿Por qué no colapsó el régimen comunista con la muerte de Fidel Castro? ¿Por qué Nicolás Maduro se mantiene en el poder en Venezuela a pesar de una horrenda crisis económica y de varios intentos de golpe de estado que inicialmente parecían tener buenas posibilidades de derribar a la dictadura?

La primera parte de la respuesta está, como seguramente lo estás pensando en este momento, en la represión. Tanto los cubanos como sus alumnos chavistas han desarrollado máquinas de espionaje y agresión muy bien perfeccionadas, pero incluso el más sociópata de los dictadores entiende – con el tiempo – que matar a todos los que le suenen como opositores no es la forma más efectiva de mantenerse en el poder, así que optan, con algunas variantes, por un proceso de cuatro etapas que son más o menos simultáneas: **Miedo, aceptación, apropiación y participación.**

[xxvii] Por ejemplo, en México: El ISR ronda el 33%, pero a este cobro hay que sumar el IVA, el IEPS y otras penalizaciones, que en conjunto superan con facilidad el 50% de los ingresos que obtienen los llamados contribuyentes cautivos. Sin embargo, debido al enorme tamaño de la economía informal y a las múltiples opciones para evadir impuestos, la recaudación final apenas ronda el 15% del PIB, uno de los niveles más bajos del mundo.

Empezamos con el **miedo**. Una vez más, la propia palabra "poder" implica el *potencial* de hacer cosas a voluntad, y entonces los dictadores descubren que para conservar el *poder* es mucho más barato y efectivo el temor que el asesinato.

El caso de los mineros de Miedzianka (Polonia) es bastante ilustrativo: Tras la Segunda Guerra Mundial, el pueblo le fue arrebatado a los alemanes y entregado a Polonia, cuyo gobierno había quedado bajo control de los soviéticos. La población de origen alemán fue expulsada y reemplazada con mineros polacos y sus familias, que fueron sometidos al régimen de terror típico del comunismo, el cual, por supuesto, incluye las infames redes de espionaje:

> *Los mineros tienen una idea bastante clara de quién está de su lado y quién los está delatando. Sin embargo, como precaución, no confían en nadie, especialmente en los recién llegados. Dicen que, si ves a cinco hombres en un grupo, definitivamente uno de ellos es informante. En realidad, la policía secreta apenas dispone de dos agentes por cada cien trabajadores en la mina. Esos dos no pueden estar en todos lados, no escucharán todo…pero lo atmósfera de miedo asegura que nadie hable sobre temas sensibles.*[68]

Básicamente el mismo esquema siguieron la NKVD (Comisariado del Pueblo para Asuntos Internos) de la Unión Soviética y sus títeres a lo largo de Europa del Este: Una campaña inicial de violencia y represión masiva,[xxviii] seguida

---

[xxviii] De acuerdo con Anne Applebaum, al menos 120,000 alemanes fueron prisioneros en campos de la NKVD en Alemania del Este entre los años de 1945 y 1953. Miles más fueron ejecutados sumariamente y otros acabaron en campos de concentración en territorio soviético.

de violencia "estratégica". Como señala Applebaum, *las detenciones dirigidas cuidadosamente a la gente que se expresara sin reservas podrían tener una repercusión mucho mayor: si detienes a una de esas personas, otras diez quedarán aterrorizadas.*[69]

Lo mismo en la URSS después de Stalin que en Caracas o en La Habana, los dictadores no necesitan matar a millones de personas, sino que les basta y sobra con tenerlas sometidas bajo una camisa de fuerza elaborada a base de **pánico**, conscientes de que el gobierno puede matarlas a voluntad y convencidas de que el solo hecho de que las autoridades les permitan vivir un día más es una especie de misericordiosa generosidad, por la que de alguna retorcida forma deben estar agradecidas.

Si esto les suena parecido al "síndrome de Estocolmo" es porque el mecanismo subyacente es muy similar.

El segundo elemento de este macabro coctel es el de la **aceptación**. Una vez instalados en las instituciones, los regímenes autoritarios construyen su propia interpretación de la realidad y la imponen constantemente por medio de una implacable máquina de propaganda: en las escuelas, en los medios de comunicación y en las conversaciones cotidianas.

En un primer momento la manipulación es burda y evidente (por eso es que en la etapa inicial las dictaduras recurren tanto a la violencia), pero conforme pasan los meses y los años el ejercicio de resistirse a la abrumadora narrativa gubernamental se vuelve cada vez más agotador, y la gran mayoría de las personas optan por hacerlo propio, ya no tanto por temor, sino por agotamiento.

La consecuencia de ese cansancio es la **apropiación**. Eventualmente las personas se apropian de esa narrativa y la vuelven parte de su identidad. Pensemos por ejemplo en el cubano que pasó su infancia asistiendo a los mítines multitudinarios de Fidel Castro en contra del "imperialismo". ¿Qué será más fácil para esa persona: aceptar la narrativa oficial en la que es un protagonista de la heroica resistencia de Cuba frente a los poderes del mal, o enfrentarse a la realidad de que es un trágico esclavo acarreado durante horas a vivo rayo de sol por las calles de La Habana con el único propósito de ser una pieza de utilería del régimen? Sí, muchos cubanos se han enfrentado a esa manipulación, pero muchos otros han optado por la primera opción, criticando algunos personajes o actos específicos del gobierno, pero manteniendo su fé en la bondad esencial del régimen, porque no hacerlo implicaría enfrentarse a la tragedia de sus vidas.

El cuarto elemento es el de la **participación**. El régimen crea una serie de espacios de participación y de decisión cuyo poder real puede ser – como el de mi cartera de estudios en el Comité Municipal – prácticamente nulo, pero que aun así les brinda a las personas un sentido de identidad y de estatus respecto a sus familiares y vecinos que los hace sentirse parte del gobierno.

Así lo trabajaron los chavistas en Venezuela, creando una serie de "comités", entre los cuales destacan los Comités Locales de Abastecimiento y Producción, mejor conocidos como CLAP. Cada *CLAP* cuenta con responsables que son electos y están a cargo de entregar los alimentos, lo que en la práctica le otorga a esas personas un enorme poder respecto al resto de su comunidad.

Fulano Sutanez, que antes del chavismo ganaba mejor y comía bien tres veces al día, pero era un perfecto desconocido en su barrio, ahora es el tipo más popular de la zona y aunque en términos reales su situación económica sea mucho peor hoy que en 1999,[xxix] el señor Sutanez sigue siendo leal al chavismo: Va a todas las manifestaciones, se pone su boina y su playera roja con el estómago vacío de comida, pero el corazón lleno de orgullo.

De hecho, la efectividad del régimen chavista para construir y mantener funcionando una red de intereses creados a través de los CLAP y muchos otros comités es macabramente brillante. El costo para el gobierno es mínimo, porque más que pagarles con dinero o con recursos, en realidad les están pagando con un estatus respecto al resto de su comunidad, una inversión mínima con enormes rendimientos y una estrategia tan macabra como brillante. En buena medida el fracaso de la oposición venezolana se debe a que no han logrado aquilatar de manera correcta este fenómeno,[xxx] y en otro porcentaje se debe a sus complicidades con el régimen, porque prácticamente todos los liderazgos opositores han sido beneficiarios de las políticas proteccionistas, que les

---

[xxix] 1999 es el año en que llegó al poder Hugo Chávez, tras su triunfo en las elecciones presidenciales de 1998. Los CLAP se establecieron en 2016, ya bajo la presidencia de Nicolás Maduro, pero desde el amanecer del chavismo establecieron otros comités cuyo funcionamiento y efectos eran esencialmente idénticos a los que aquí narro respecto a los Comités Locales de Abastecimiento y Producción.

[xxx] En las elecciones presidenciales del 2018, con el país literalmente muriéndose de hambre, Nicolás Maduro logró colocar en las urnas 6.2 millones de votos a su favor, algo que desafía el sentido común. Cuando Juan Guaidó encabezó el intento de golpe de estado, el 30 de abril del 2019, se esperaba que el ejército y esencialmente todo el país lo respaldara. No sucedió así porque sencillamente hay muchas personas que prefieren ser jefecitos bajo la tiranía que competir en la democracia.

evitan enfrentar competencia en sus empresas o incluso de negocios directos con el *odiado* chavismo.

Es algo que parece increíble y que desmiente en forma contundente una de las muletillas intelectuales más utilizadas en el ámbito de las políticas públicas y del *management*. La Pirámide de Maslow,[xxxi] una jerarquía de necesidades humanas planteada por Abraham Maslow en su artículo de 1943 titulado "Una teoría respecto a la motivación humana".

En pocas palabras, propone que los seres humanos ordenamos nuestras necesidades en cinco niveles: Necesidades básicas, incluyendo dormir y comer; seguidas en un segundo nivel de las necesidades de seguridad y protección; en un tercer piso están las necesidades de amor y pertenencia, incluyendo amigos y familia; en el cuarto bloque están las necesidades de estima, incluyendo la reputación; y hasta arriba en la punta de la pirámide está la autorrealización.

Teóricamente las personas se enfocarían primero en las necesidades más elementales y sólo cuando dichas necesidades están cubiertas buscarían satisfacer las más elevadas. Sin embargo, la permanencia del chavismo en Venezuela ha demostrado que esa jerarquía no es inmutable.

Literalmente millones de personas han puesto su necesidad de tener un estatus y una identidad emocional con el mito de Chávez como prioridad respecto a comer o a disponer de un mínimo de seguridad, por eso el régimen mantiene un

---

[xxxi] Es importante aclarar que el propio Maslow aclaró que la jerarquía que propuso *en realidad no es ni de lejos tan rígida como podríamos haber dado a entender.*

respaldo social lo suficientemente amplio, complementado por supuesto con la estructura represiva y los intereses mafiosos, para aferrarse al poder incluso después de un intento de golpe de estado (el del 30 de abril de 2019) que contaba con el abrumador respaldo de la comunidad internacional.

Ahora bien, por más absoluto que parezca el poder de un gobernante, este siempre estará sometido a cumplir con una serie de expectativas ante sus seguidores y rivales. Su *persona,* en el más antiguo sentido de la palabra es una máscara que debe portar, incluso aunque aparentemente a ese líder nadie tenga cómo exigirle.

Francisco Franco. Franco, el caudillo de España por gracia de Dios, gobernó su país con puño de hierro durante casi 4 décadas. Tenía tanto poder como para que la vida política española girara a su alrededor, hasta aparecía en las pesetas con mirada de esperanza y aun así en ciertas cosas estaba atado de manos.

En una entrevista publicada hace un par de años, el entonces Rey Juan Carlos recordó algunas de sus conversaciones con Franco y nos brinda un muy interesante ejemplo. Explica el Rey: "*yo le decía a Franco: Mi general: ¿por qué no abre un poco la mano? Y él me decía: Yo no, eso lo tendrá que hacer usted. **Yo no puedo cambiar**".*[70]

El punto más interesante de la conversación es que Franco no le contestó a Juan Carlos que no cedía en su autoritarismo porque simplemente ese era su gusto. No le dijo "yo no quiero cambiar", sino "yo no puedo cambiar".

Es decir, a pesar de que tenía el poder de obligar a los demás a poner su cara en las monedas, no tenía el poder de decepcionar las expectativas de quienes lo habían respaldado durante todas esas décadas justo por su imagen de hombre rudo. Se había vuelto un rehén de su personaje, a pesar de que en el fondo él sí entendía que era necesario transitar a un régimen más libre, simplemente no podía llevarlo a cabo, *eso lo tendrá que hacer usted*.

¿CÓMO FUNCIONA?

8

Los tres niveles de relación

Después de definir en qué consiste la política y explicar los elementos que la conforman, en esta segunda parte te propongo enfocar la atención en 7 aspectos que son muy útiles para analizar la política partidista-electoral-gubernamental y tener una idea más amplia de por qué los líderes actúan en la forma en qué lo hacen, por qué en ocasiones obtienen resultados muy distintos a los que habían calculado.

La primera parada en esta travesía es referente al análisis respecto a los *personajes públicos.* Muchas veces tanto en la prensa como en las discusiones de *cuarto de guerra* a mitad de una campaña electoral, se analiza a los aliados y rivales únicamente a la luz de sus afiliaciones oficiales. Se asume que sí Fulano Sutanez es miembro empadronado del PRI, ello significa que comparte la ideología del partido, que apoyará lo que beneficie a sus colores y que seguirá un camino básicamente predestinado por su militancia partidista…solo para darnos de topes cuando resulta que sí actúa como priísta en algunas cosas, pero no en todas; que de dientes para afuera respalda la campaña de su partido, pero en realidad está financiando la del aspirante de Morena, o alguna otra variación.

¿Por qué sucede esto?

Porque **la identidad de los seres humanos es demasiado compleja como para poder encajonar en una sola definición**. Se construye permanentemente a base de decisiones que están influidas por la experiencia, el entorno, los *intereses* y *lealtades*, hasta por los malos entendidos.

En consecuencia, si queremos tener una idea más sólida respecto al perfil o los probables cursos de acción que puede tomar nuestro amigo Fulano Sutanez no basta con conocer su militancia política; necesitamos dar un par de pasos hacia atrás y observarlo en toda su complejidad, que podemos organizar en tres niveles: el nivel **oficial**, el nivel **tácito** y el nivel **personal**.

- El nivel **oficial** comprende todas las lealtades, intereses, funciones y militancias que están respaldas en documentación de cuya veracidad se tiene plena certeza, incluyendo facultades establecidas en ley (en el caso de los funcionarios públicos) y pertenencia a organizaciones cuyo padrón esté públicamente disponible o en cuyas actividades participe abiertamente en capacidad de miembro (un partido político, una organización empresarial, un colegio de profesionistas). Esos son elementos verificables que nos dan una idea general de cuál es la ideología y la forma de actuar de una persona.

Sin embargo, no son la película completa, porque sabemos que no todos los integrantes de una organización X van a reaccionar en forma semejante. ¿Por qué? Porque entran en juego sus perfiles en los otros dos niveles.

- El nivel **tácito**,[xxxii] como su nombre lo indica, se refiere a las lealtades, intereses, funciones o militancias de las cuales no tenemos una comprobación oficial, pero que de las que nos enteramos por medio del *radiopasillo* y que podemos confirmar con un nivel de certeza aceptable por medio de la observación o de métodos indirectos de verificación.

Aquí se incluyen grupos políticos, logias, alianzas coyunturales. Fulano Sutanez y Mengano Perenganez pueden ser miembros del mismo partido, pero a pesar de que *oficialmente* son aliados, en la práctica son los más amargos enemigos, porque pertenecen a camarillas que están enfrentado por el control del Comité Ejecutivo Nacional.

- Finalmente, en el nivel **personal**, encontramos los vicios, las aficiones, las simpatías antipatías del político como ser humano. Fulano Sutanez y Mengano Perenganez quizá sean miembros del mismo partido y hasta de la misma camarilla, pero simplemente Sutanez simplemente no tolera a su

---

[xxxii] Tácito, de acuerdo con la Real Academia Española, es aquello: *Que no se entiende, percibe, oye o dice formalmente, sino que se supone e infiere.*

colega, tal vez porque no perdona una traición previa, o porque la cara de Mengano le recuerda a un profesor que odiaba en la escuela primaria, o simplemente su tono de voz y su estilo le resultan insoportables.

Por el contrario, resulta que comparte una buena amistad con el Lic. Perencejo, a pesar de que oficialmente estén en extremos opuestos del espectro ideológico, porque resulta que a ambos les apasiona hacer maquetas de trenes de vapor.

En consecuencia, llegado el momento de las elecciones, si el partido A, al que pertenece Fulano Sutanez, lanza como candidato a su compañero - pero odiado rival - Mengano Perenganez, el señor Sutanez operará discreta pero contundentemente para respaldar la campaña de quien teóricamente es el candidato a vencer, el del otro partido: el Lic. Perencejo – su amigo, para desesperación de sus compañeros y extrañeza de los analistas.

Para cerrar esta explicación veamos un diagrama:

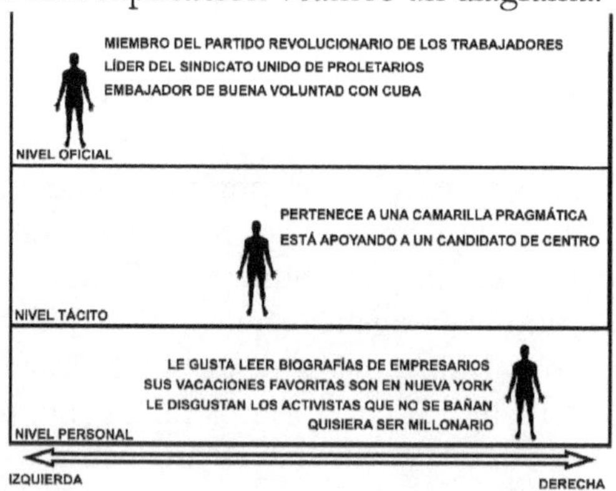

Ilustración 1 Diagnóstico de los tres niveles de relación - Fulano Sutanez. Elaboración propia.

El ejercicio puede ser tan complejo como se quiera, y se puede ubicar a la persona lo mismo en un eje izquierda/derecha que en uno de simpatía/rechazo respecto a un tema, grupo o líder político, o simplemente enlistar sus relaciones de alianza/rivalidad en cada uno de los tres niveles para tener un perfil más completo.

Por supuesto, si confirmar las relaciones del nivel tácito es difícil, lograrlo con las del nivel personal es casi imposible a menos que exista un trato cercano con la persona. Sin embargo, aunque nunca llegaremos a conocerla por completo (ni siquiera nos conocemos plenamente a nosotros mismos) cada nuevo dato que podamos sistematizar e incluir en un instrumento como estos nos permitirá avanzar un pasito más hacia nuestro objetivo de entender qué carambas están haciendo los políticos y por qué actúan en la forma en que lo hacen.

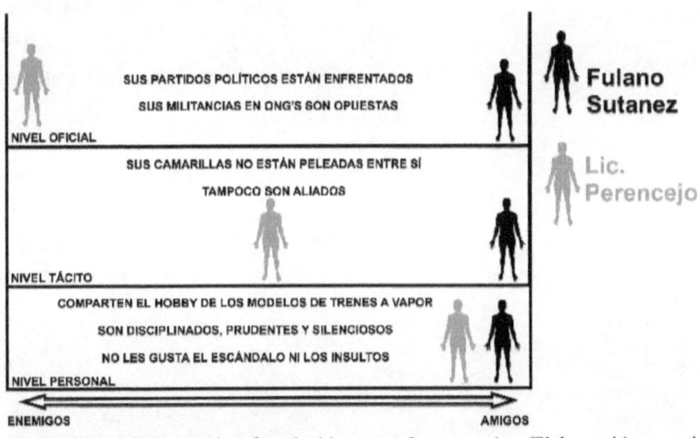

Ilustración 2 Diagnóstico de relación entre 2 personajes. Elaboración propia.

Finalmente, es importante tener en cuenta que este ejercicio no sólo aplica para diagnosticar vinculaciones que ya existen, sino también para detectar áreas de oportunidad.

Si, por ejemplo, queremos ampliar nuestra propia red o la de una persona a la que estemos apoyando, realizar un diagnóstico de niveles de relación respecto a los posibles aliados permitirá conocer de forma un poco más objetiva cuáles de esas posibles colaboraciones tiene mayores probabilidades de éxito y cuales realmente ni siquiera ameritan el esfuerzo en tiempo y en dinero, en especial recordando que la escasez en un elemento transversal en la acción humana, ya que todo lo que dediquemos a una actividad o una persona no podremos dedicarlo a nada más, y nunca recuperaremos ese tiempo, no tenemos *replay*, así que **aprovechar bien nuestros recursos puede hacer la diferencia entre el éxito y el fracaso.**

9

Los sesgos en las decisiones

La política la hace la gente, y somos complejos, muchas veces incomprensibles e impredecibles, tenemos caprichos y obsesiones. Además, nos quedamos muy lejos de ser esas máquinas racionales que creemos ser. No importa que tengamos muchos diplomas, años de experiencia, profundos conocimientos, **seguimos siendo criaturas limitadas por nuestra propia naturaleza**, por la información necesariamente incompleta que recibimos y por los sesgos inevitables con que procesamos esos datos para convertirlos en un insumo que a su vez nos impulse para actuar en un sentido o en otro.

Para entender todos esos matices no alcanzaría ni con todos los tratados de psicología del mundo, pero aquí les presento en forma muy sintetizada una explicación de cómo opera nuestro cerebro y de cuáles son los principales errores en los que caemos, muchas veces sin darnos cuenta, a la hora de tomar decisiones, y vaya que tomamos muchas decisiones. Una persona normal decide aproximadamente 2 mil cosas distintas por cada hora que pasa despierta.[71]

¿Cómo las toma? Thaler y Sunstein explican que el cerebro humano funciona básicamente a través de dos sistemas:[72]

1. El **automático**, que es asociativo, rápido, inconsciente, no controlado e inconsciente -el instinto, pues.

2. El **reflexivo**, que es controlado, laborioso, deductivo, lento y autoconsciente.

Por ejemplo, utilizamos el sistema automático para hablar, pero requerimos del reflexivo para resolver una ecuación matemática. Quienes buscan manipularnos normalmente tendrán como objetivo influir en el primero de estos sistemas,[73] al tiempo en que en cierta forma anulan o al menos interfieren en la capacidad de respuesta del segundo, de manera que interfieran en nuestras decisiones.

Los mensajes políticos más exitosos hacen algo similar, **se *apalancan* de los temores y de los prejuicios que ya hemos integrado**, de manera que sea necesario un menor esfuerzo para absorber lo que nos quieren transmitir. Si la propuesta o comunicación de tu candidato requiere que los posibles votantes tengan que hacer el esfuerzo de dedicarle un razonamiento laborioso, deductivo, lento y autoconsciente, tu campaña está básicamente condenada al fracaso.

Hugo Chávez, por ejemplo, se refería al presidente de los Estados Unidos como *Mr. Danger*.

A un nivel racional el apodo parece ridículo, pero funcionaba muy bien porque aprovechaba varios elementos el sistema automático, incluyendo la reacción instintiva hacia el peligro, el prejuicio latinoamericano en contra de los norteamericanos y en particular el arraigado rechazo hacia aquellos que llegaban a Sudamérica para supuestamente aprovecharse de la ingenuidad de los locales.

Incluso antes de que el venezolano promedio siquiera reflexionara sobre lo que había escuchado, su mente ya tenía construida una caricatura de **Mr. Danger** con todo y perfil moral (o más bien inmoral): *el de un norteamericano mañoso que llegaba al pueblo con el respaldo de la oligarquía local para aprovecharse de los trabajadores y robarse los recursos naturales.*

También de inmediato proyectaba en su mente la imagen de Chávez como la encarnación del estereotipo *del valiente nacionalista que defiende a la patria, protege a los trabajadores, rescata los recursos naturales y salva a la hija del campesino, a la que el malvado güero sólo busca manipular para satisfacer sus bajos instintos.*

Toda esa historia proyectada de forma básicamente subconsciente en un par de palabras que aparentemente son solo una ocurrencia, pero que en realidad muchas veces son resultado del intenso trabajo de un equipo creativo, en el que profundizaremos más cuando hablemos sobre las campañas electorales.

Ahora, mencioné el tema de los prejuicios. Sí, los seres humanos tenemos prejuicios, y también tenemos sesgos a la hora de tomar decisiones. Esa es una realidad, simple y llana. Así funciona nuestra naturaleza.

Negarlo es contraproducente. Para no extenderme más en este punto, me limitaré a citar lo que señala Konnikova[74] respecto a los resultados que se obtienen al aplicar el Test de Asociación Implícita. Incluso aquellas personas que a pregunta directa expresan bajos niveles de prejuicios – por ejemplo, en cuanto al género – muestran una versión muy diferente de sí mismas cuando se someten al test. Cerca del 68% de los participantes muestran pautas de prejuicio racial, el 80% muestra pautas de preferencia por edad, el 68% de preferencia a los heterosexuales respecto a los homosexuales, el 69% de preferencia a los delgados respecto a los gordos, etc., y recordemos que no son decisiones conscientes, sino básicamente actos reflejos.

Ahora, pasaremos a enlistar algunos de los principales sesgos que influyen en nosotros y también en los políticos profesionales a la hora de tomar decisiones, de manera que podamos estar conscientes de ellos y compensarlos en la medida de lo posible:

Sesgo de correspondencia. Implica la suposición de que cuando alguien nos dice algo: que va a apoyar a nuestro candidato, que le agrada un plan de gobierno, etc., es porque esa persona realmente cree lo que nos está diciendo, incluso aunque existan razones para pensar que nos está mintiendo; vamos, incluso si la propia persona dentro de la plática nos aclara que está simplemente replicando una opinión con la que no concuerda o si se trata de un actor que está leyendo sus líneas.

Sesgo de la política del estatus quo. Significa que las personas tenderán a respaldar en forma significativamente mayor una política pública cuando estas creen que dicha política se aplica en la actualidad.[75]

Sesgo partidista. Las personas tienden a respaldar una declaración o política pública cuando creen que esta es impulsada por el partido o candidato de sus preferencias. ¿Por qué? El reflexionar sobre conceptos y políticas requiere simplemente demasiada energía y tiempo, así que incluso los ciudadanos relativamente "politizados" optan por esforzarse sólo en elegir una ideología o partido "de confianza" y en adelante asumen como posición inicial aquella asumida por los referentes de dicha institución, lo cual es mucho más eficiente para la persona, pero a nivel general provoca que los debates caigan en una espiral casi inexorable de hipocresía:

- Tu candidato tomó dinero de donantes privados, ¡es un corrupto!

- ¿Ah, sí? Pues el tuyo también aceptó donaciones en su última campaña, ¡y tú no dijiste nada!

Sesgo de intencionalidad. En términos generales, tendemos a pensar que cuando una persona realiza una acción o un grupo entrega un documento, lo hicieron a propósito, por lo que no tomamos en cuenta la posibilidad de que en realidad se trata de un error. En política este sesgo nos puede llevar a *ver moros con tranchetes* y tratar como declaración de guerra lo que en realidad fue un comentario sin mala intención. Tomarse el tiempo para tranquilizarse y averiguar si realmente nuestra contraparte quiere pleito le ahorrará a cualquier persona – especialmente si se dedica a la política partidista – una gran cantidad de corajes innecesarios.

Sesgo de afinidad. Tendemos a considerar como más amigables a aquellas personas a las que consideramos parecidas a nosotros, y es más sencillo compartir información con ellas. Por el contrario, *cuando las diferencias culturales son amplias el estatus del grupo minoritario se vuelve mucho menor que el del grupo mayoritario, y es menos probable que les compartamos información.*[76]

En política, este sesgo puede provocar que un líder se mantenga alejado de buena parte de los electores o de incluso de posibles simpatizantes con los que comparte valores fundamentales, pero ni siquiera se entera porque al juzgar en base a rasgos externos los descarta de antemano.

Sesgo de lo reciente. Tendemos a exagerar la importancia o posibilidad de que se repitan aquellas situaciones que almacenamos en nuestra memoria de corto plazo, lo que nos lleva a reducir el alcance de nuestro análisis, impidiéndonos ver la película completa, además de fortalecer esa tentación de la permanencia que analizamos en el capítulo tercero.

Sesgo de deseabilidad social. Al responder una encuesta, tendemos a ofrecer las respuestas que creemos que nos harán quedar bien con el encuestador, incluso si ello implica mentir. Como resultado, el analista y el político que tomen como verdad plena los datos que arrojan las encuestas se toparán con más de una desagradable sorpresa, sin importar lo bien elaboradas que estén.

Sesgo de conformidad. Cuando en una encuesta nos preguntan si estamos o no de acuerdo con un tema del que no tenemos idea, tendemos a decir que sí estamos de acuerdo, de forma que sin un ejercicio de encuesta no está bien dirigido, el político o gobierno pueden creer que su propuesta tiene el entusiasta respaldo de los ciudadanos encuestados cuando en realidad lo único que tienen son personas confundidas o apáticas.

Sesgo de proyección. Tendemos a creer que las opiniones de los demás y aquellas que se desarrollarán en el futuro serán similares a las nuestras y a las actuales, respectivamente. Ello convierte al político o al analista en un preso de su propia época, alienta un sentido de arrogancia respecto a las propias opiniones y dificulta el aprender de los demás.

Sesgo de optimismo. Creemos ser más inteligentes, más talentosos y más trabajadores que el promedio. El estudio que normalmente respalda este diagnóstico es una encuesta que realizó el College Board con más de un millón de estudiantes. El 70% dijo estar por encima del promedio en cuando a liderazgo, y una cuarta parte de quienes respondieron afirmó estar en el 1% de los que mayor facilidad tienen para llevarse bien con los demás.

Este sesgo se profundiza con nuestra tendencia a considerar como mérito propio nuestros éxitos y como consecuencia de factores externos a nuestros fracasos. Otra consecuencia es que tendemos a calcular presupuestos exageradamente bajos para nuestros proyectos, desde la construcción de una casa o un nuevo negocio hasta complejas políticas y obras públicas, que caen en sobrecostos y provocan intensas críticas.

Para atender esa última manifestación de este sesgo, en el Reino Unido se ha desarrollado una serie de lineamientos para integrarlo en el cálculo del monto que será necesario para cada obra, partiendo de la recomendación de que *dichos ajustes se basen en datos de proyectos previos…y se ajusten a partir de las características singulares del proyecto a evaluar.*[77]

Sesgo retrospectivo. Una vez ocurrido algún hecho, nuestra memoria altera nuestros recuerdos o le da relevancia a alguno que haya "profetizado" el resultado, para convencernos de que siempre tuvimos la razón.

Sesgo de confirmación. Tendemos a buscar información que reafirme nuestras creencias previas y les brinde un manto de racionalidad, mientras descartamos los datos que potencialmente podrían demostrarnos que estamos equivocados. Este sesgo es particularmente poderoso, porque cuando encontramos datos que confirman nuestras opiniones, el cerebro literalmente nos recompensa con *un disparo de dopamina*, el neurotransmisor popularmente conocido como la hormona de la felicidad. Para ponerlo en contexto, refrendar nuestra opinión puede ser tan placentero *como comer chocolate, tener sexo o enamorarse.*[78]

Sesgo antimercado. Las personas no comprenden cómo funcionan los mercados y la manera en que estos permiten armonizar la ambición privada con el interés público.[79]

Sesgo pesimista. Las personas tienden a pensar que todo tiempo pasado fue mejor, que las condiciones económicas o sociales de la actualidad son malas y que van a empeorar.[80]

Sesgo del punto ciego. Creemos que, a diferencia de los demás, nosotros no estamos sujetos a los sesgos anteriormente descritos y a muchos otros que por cuestión de espacio no incluí en esta lista.

Cierro esta lista y este capítulo con otros 2 fenómenos que debemos tener en cuenta. El primero de ellos es el llamado "Efecto IKEA", nombrado así por las tiendas famosas por vender muebles que el usuario debe armar en casa. Este efecto nos incentiva a otorgarle un gran valor a las cosas en las que nos hemos esforzado, a pesar de que objetivamente no sean nada maravilloso.

El segundo es que podemos olvidar cosas que en su momento parecían intrascendentes, pero después pueden definir el rumbo de nuestras vidas, de nuestros partidos políticos o nuestros gobiernos. Es lo que se conoce como "efecto Scooter Libby" en ¿honor? del funcionario del gobierno norteamericano que hizo pública la identidad de una agente de la CIA, lo que eventualmente derivó en uno de los más grandes escándalos de la administración de George Bush Jr.

Cuando Libby testificó ante el jurado dijo no recordar haber hecho esa revelación, y lo más curioso del caso es que posiblemente estaba diciendo la verdad. ¿El motivo? La motivación para recordar; es decir, el qué tanta importancia le damos a algo en el momento de almacenarlo en la memoria es muy importante para *codificar* ese recuerdo y acceder a él cuando sea necesario. De otro modo básicamente se "traspapela" en la memoria, incluso cuando eventualmente sea de fundamental importancia.[81]

Tener en cuenta todos estos mecanismos a la hora de juzgar tanto las acciones de los políticos como las de los ciudadanos y las nuestras nos permitirá matizar y enriquecer nuestras perspectivas, además de ayudarnos a mantener la humildad, recordándonos que al final del día todos somos seres humanos.

10

Los partidos políticos

Los partidos políticos son corruptos. Son fuente de división entre los ciudadanos, son escondrijos donde se refugian las sanguijuelas que anhelan acceder al poder gubernamental para engordar de dinero a costa de desangrar a los demás, aunque en el camino tengan que sembrar un historial de traiciones. **Eso piensa la gente**.

Y no es algo nuevo. Desde que vieron la luz como estructuras de organización humana, a finales del siglo XVIII, los partidos políticos fueron observados con franca desconfianza, no sólo por buena parte de los ciudadanos de a pie, sino incluso por los propios líderes que eventualmente les dieron forma, como queda fielmente reflejado en el caso de los Estados Unidos.

En su maravilloso discurso de despedida a los norteamericanos, George Washington señaló que, más allá de si cumplían un objetivo en el corto plazo, con el paso del tiempo los partidos políticos *se convertirían en potentes motores, por medio de los cuales hombres astutos, ambiciosos y sin principios podrán manipular el poder del pueblo y usurpar para sí mismos las riendas del gobierno, destruyendo después los propios motores que los han elevado hasta un injusto dominio.*[82]

No era el único. John Adams escribió en 1780 que *no hay nada a lo que tema tanto como a la división de la república en dos grandes partidos… Esto, en mi humilde perspectiva, debe temerse como el mayor peligro político bajo nuestra Constitución.*[83] Sin embargo, la realidad termina imponiéndose, y la realidad era que **los partidos políticos son una forma muy efectiva de administrar las pasiones y ambiciones dentro del sistema democrático**. Poco tiempo después de aquella carta en la que proclamaba su pánico respecto a la división partidista, el propio Adams acabaría convertido en uno de los principales líderes del partido Federalista, el primer partido político de los Estados Unidos.

A nivel internacional ocurrió un proceso semejante. Los partidos políticos fueron percibidos inicialmente como peligrosos focos de rebelión, pero eventualmente se consolidaron como la principal forma de hacer política y en este carácter se han integrado paulatinamente en las legislaciones electorales.

La pregunta es ¿Por qué sobrevivieron a las turbulencias del siglo XIX y se mantienen a pesar de ser tan impopulares como concepto y a pesar de los constantes escándalos de corrupción que acompaña a sus dirigentes?

La respuesta es que, con todo y sus múltiples defectos, los partidos institucionalizados **han respondido desde finales del siglo XVIII a una necesidad de certeza y de estabilidad en las luchas políticas.**

¿Cómo lo hacen?

Por inicio de cuentas, al ofrecer un sentido de identidad y una propuesta de futuro, los partidos **responden a la necesidad humana de definirnos frente a nosotros mismos y a los demás.** Así, particularmente en momentos de polarización, la militancia partidista se convierte en parte fundamental de lo que planteamos al mundo. Como la religión o las aficiones deportivas, portar los colores del partido es un motivo de orgullo y brinda la oportunidad de encontrarnos con aquellos que piensan de forma similar a nosotros. En pocas palabras, nos ofrecen una tribu[xxxiii] y un refugio ideológico, pues como explica Scott Adams, cuando te identificas como parte de un grupo, tus opiniones tienden a sesgarse a favor del consenso grupal.[84]

El segundo factor a tomar en cuenta es el de la masificación del proceso político.

Originalmente la lucha por el poder estaba circunscrita, a nivel nacional, al monarca y su corte; y a nivel regional o local, al noble y sus allegados o a los *notables* de la aldea.

[xxxiii] A mediados de los 70s, el Partido Acción Nacional le dio a sus militantes en el estado de Guanajuato la indicación de portar el logotipo del partido durante sus labores cotidianas y al realizar trámites. La estrategia tuvo éxito no solo para hacerle publicidad al partido, sino para fortalecer los vínculos de identidad en sus militantes, algo muy importante en una época donde para los mexicanos vivir fuera del PRI era *vivir en el error.*

En cualquier caso, se trataba de un mundo pequeño, en el que todos se identificaban y conocían las peculiaridades de cada quien, de manera que las intrigas políticas se realizaban de manera personal, organizadas a partir de camarillas cuyo líder era una persona cercana al mandatario.

Los integrantes de una misma camarilla se identificaban entre sí con relativa facilidad, pues compartían los mismos círculos de amistades y en términos generales era posible saber lo que cada persona opina respecto a un tema específico, a partir de lo cual se podían trazar redes. Y cuando el líder moría o caía de la gracia del rey, los integrantes de su grupo buscaban otra persona alrededor de quien organizarse.

Sin embargo, con la llegada de las reformas democráticas y la ampliación del derecho al voto, el número de personas con capacidad jurídicamente reconocida para influir en las determinaciones políticas se amplió enormemente. **Ya no eran solo las mismas familias de nobles que se habían estado casando entre sí durante siglos, sino que ahora aparecían aliados y enemigos a quienes simplemente no conocían.**

Los partidos les brindaron una manera de identificarse y organizarse entre sí incluso aunque no fueran amigos personales, con el beneficio añadido de que estas nuevas estructuras no dependían de la buena o mala fortuna de quien encabezaba la camarilla.[xxxiv]

[xxxiv] Pensemos, por ejemplo, en el Partido Acción Nacional. Buena parte de sus exlíderes nacionales y sus dos presidentes de la república se salieron del partido, pero este no desapareció, porque sus estructuras tanto físicas como institucionales, ideológicas y emocionales no dependen de una sola persona, sino que realmente son mayores incluso que sus grandes hombres.

El primer reemplazo de las camarillas de palacio fueron las logias masónicas, popularizadas enormemente a partir de la formación de la Gran Logia de Inglaterra en 1717. Las logias habían construido su identidad sobre la base del modelo de los gremios medievales, pero la habían mezclado con un *misticismo* de privilegios,[xxxv] y - sobre todo - tenían la extraordinaria ventaja de que en cierta forma anulaban las segmentaciones sociales, permitiéndole a un empresario encontrarse, generar vínculos y *hacer grilla* con un sacerdote, un militar o un miembro de la nobleza, con quienes de otro modo no habría podido conversar más allá del *buenos días.*

Estos vínculos entre sectores sociales les permitieron a las logias pasarle por encima a las jerarquías tradicionales de la nobleza y de la Iglesia, arrebatándoles en unas cuantas décadas el control de las decisiones políticas. Sin embargo, ya que parte de su esencia y atractivo es el ser secretas[xxxvi] y de difícil acceso, no podían convertirse por sí mismas en vehículos para la participación política masificada, por lo que eventualmente los partidos políticos se ganaron su lugar en el escenario, en parte reemplazos y en parte instrumentos de las logias y camarillas anteriores.

Este proceso es particularmente claro cuando observamos el surgimiento de los partidos políticos en Gran Bretaña: Inicialmente eran grupos que peleaban por el poder en el parlamento, pero conforme el siglo XVIII le dio paso al XIX fueron transformándose en los partidos Conservador y Liberal.

[xxxv] Hasta entonces, para quienes no habían nacido en la nobleza era básicamente imposible acceder a los rangos de las familias nobles. Con su sistema de grados, que rápidamente pasó de los 3 grados de los gremios hasta 33 (dependiendo del rito), la masonería les ofreció a nobles de bajo nivel, empresarios y profesionistas una forma de acceder al estatus social que de otra forma les era inalcanzable.

[xxxvi] Bueno, ahora no son secretas, sino "reservadas", que es lo mismo.

Además, conforme se industrializaron las contiendas electorales, los partidos se convirtieron en una especie de sello de calidad de cara a los ciudadanos. En una multitudinaria ciudad como Londres o Nueva York era poco probable que un votante promedio conociera personalmente al candidato, pero **sí podía ubicar el nombre del partido y por lo tanto podía definir su voto a partir de esa información**, y otro elemento relacionado con este es el de la publicidad.

Hasta hace unos años, el llevar campañas publicitarias al grueso de la población era muy caro, requería enormes imprentas, gastos millonarios en radio y televisión, una estructura de repartidores y *promotores del voto*. Para una persona en lo individual, incluso un multimillonario, estos gastos habrían sido monumentales y demasiado arriesgados; en cambio, al repartir los costos entre una amplia base de militantes, los partidos también *distribuyen el riesgo* entre un mayor número de *inversionistas*.

El último elemento en favor de los partidos políticos es que, contrariamente a lo que temían Washington y Adams, en un entorno de estado de derecho mínimamente razonable, los partidos son un dique contra la violencia. ¿Por qué?

1. Porque **facilitan las negociaciones** entre grupos en pugna, asignándole a cada uno liderazgos visibles con los cuales sentarse a la mesa para acordar los términos de un acuerdo que evite la necesidad de un derramamiento de sangre, además de que la estructura institucionalizada facilita la transmisión de las indicaciones y el cumplimiento de esos acuerdos por parte de los subordinados.

2. Porque **son un dique para las ambiciones personales**, obligándolas a contenerse dentro de ciertos márgenes pacíficos y le dan certeza de largo plazo a la participación política, de forma que cada elección no sea un *todo o nada*, sino una oportunidad en la que los aspirantes podrán volver a participar, e incluso si no logran repetir como candidatos, tienen la tranquilidad de que el partido cuenta con acceso a parcelas burocráticas dentro de las cuales se les puede colocar.

3. Porque **oxigenan los pasillos del poder**, distribuyendo este en diversos puestos que luego son designados en procesos más o menos abiertos, de forma que es menos probable que los altos mandos se fosilicen como sucedía con los viejos caudillos. Los partidos tienen integrado una especie de motor que respeta el dinamismo de la interacción política y por lo tanto reduce el riesgo/necesidad de recurrir a la violencia.

En México nos pasamos los primeros 120 años de vida independiente en guerras civiles porque no teníamos esta certeza, y los derrotados quedaban en el desamparo.

La genialidad del sistema priísta consistió en garantizarle esos espacios de poder, pequeños o grandes, a quienes cumplieran con ciertas reglas de disciplina y de límites dentro de la lucha política. Quien perdía una elección o se peleaba con un gobernante sabía que con algo de paciencia y de suerte, encontraría un nuevo padrino o recuperaría espacios en el siguiente sexenio, lo importante era no *salirse* del sistema, pues incluso la más insignificante posición podía ser el trampolín rumbo a algo mejor.

De ahí la famosa frase, atribuida a Don César Garizurieta, de que *vivir fuera del presupuesto es vivir en el error*. Sí, a primera vista esas redes de complicidad suenan horribles, pero son una alternativa mucho menos dañina que la cadena de cuartelazos y masacres que había sido la historia mexicana.

Ahora, ¿qué tipos de partidos políticos podemos encontrar?

Para responder esa pregunta recurriré al trabajo de los académicos Richard Gunther y Larry Diamond, concretamente a su investigación respecto a las especies de los partidos políticos. Ellos ubican 15 especies alojadas dentro de 5 géneros de partidos,[xxxvii] clasificados con base en su forma de organización: Partidos de élite, partidos de masas, partidos étnicos, partidos electoralistas y partidos de movimiento.[85]

Los partidos de élites fueron los primeros en surgir y comparten muchos elementos con las camarillas aristocráticas de las que surgieron. Básicamente lo que hacen es tomar las redes de relaciones personales que ya tienen sus integrantes para formar una *alianza de élites locales* y aplicarlas a la lucha por el poder político.

Los partidos de masas cuentan con una amplia base de simpatizantes que pagan cuotas para mantener el partido y que se mantienen activos incluso cuando no hay campañas electorales, ya que el partido es una parte de su estilo de vida, normalmente anclada en las personas a partir de compromisos socialistas, nacionalistas o religiosos.

[xxxvii] A partir de estos 5 géneros, despliegan un total de 15 especies, que pueden consultarse en más a fondo en el artículo citado en las notas bibliográficas.

Los partidos étnicos plantean una oferta política dirigida a una parte específica de la sociedad, que comparte las características de esa identidad de la que el partido se asume como representante.

Los partidos electoralistas mantienen una estructura mínima en tiempos de calma electoral, pero vuelven a la vida expandiéndose como planta del desierto cuando llega el momento de hacer campañas, para las que impulsan a candidatos seleccionados más por su atractivo ante los que votantes que por su fidelidad hacia algún proyecto ideológico.

Los partidos de movimiento, que normalmente asumen identidades de izquierda o de extrema derecha, con una estructura vinculada en forma menos rígida que los otros partidos, de forma que hay una especie de mínimo común denominador ideológico mientras cumplan con este los distintos grupos pueden unirse al partido sin ceder por completo el control de sus actividades a un mando central.

Por supuesto, en la vida real los partidos pueden integrar características de diversos géneros, incluso asumirse como un tipo de organización, pero comportarse en forma distinta a la que esta describe. Por ejemplo, el Movimiento de Regeneración Nacional, de Andrés Manuel López Obrador comparte muchas más características con los partidos electoralistas que con lo que académicamente se entiende como partidos de movimiento. Morena no solo surgió principalmente como el vehículo electoral del actual presidente de México, sino que, a la hora de definir a sus candidatos para las elecciones locales, sistemáticamente ha optado[xxxviii] por seleccionar candidatos que sean atractivos para su mercado, incluso aunque no compartan la ideología profesada teóricamente por el partido. Así en Guanajuato lanzaron a muchos liderazgos que habían hecho carrera en Acción Nacional y en otros estados optaron por priístas de toda la vida, cuya *conversión* llegó justo a tiempo para registrarlos como candidatos propios ante la autoridad electoral.

En el fondo, todos los partidos tienden con el paso del tiempo hacia un esquema electoralista, pues el acceso al poder es el incentivo fundamental que impulsa a sus dirigentes a dedicar vida y obra a la lucha partidista, y ya que en los países occidentales la forma de acceder al poder es por medio de las elecciones, estas se vuelven prioridad, incluso aunque no lo acepten formalmente así. Por eso es que vemos a los políticos criticando amargamente las argucias o propuestas *electoreras* de sus rivales, mientras que ellos hacen lo mismo.

El ejemplo de Acción Nacional (en México) es tan claro como triste. Cuando se fundó el PAN en 1939, las posibilidades de obtener triunfos electorales eran nulas. El país estaba sometido a los caprichos de una mafia hegemónica, autoritaria y violenta, que por entonces apenas estaba terminando de darle forma a su propio partido (el Partido de la Revolución Mexicana, que en 1946 se convirtió en el PRI), pero que tenía muy claro que no iba a permitir

---

[xxxviii] Al menos en las elecciones realizadas entre 2015 y 2019, a la fecha en que escribo esto.

que triunfaran los opositores.[xxxix] Por lo tanto, el trabajo de los panistas no era ganar elecciones, sino formar ciudadanos y luchar para que se permitiera el sufragio libre, lo que les ganó el mote de *místicos del voto,* como les decía el presidente Ruiz Cortines.

Sin embargo, conforme el proceso de transición abrió verdaderos espacios de competencia electoral y especialmente tras el triunfo del panista Vicente Fox en las elecciones presidenciales del año 2000, las prioridades viraron en forma sutil pero constante hacia el ámbito de las campañas, al grado de lanzar candidatos a gobernador que se habían salido del PRI un par de meses antes. Los resultados no son buenos, en las últimas dos décadas el PAN presenta una clara tendencia descendente en sus niveles de apoyo a nivel nacional y en las elecciones federales del 2018 obtuvo apenas el 22% de los votos, su peor resultado desde 1991, en el cenit del *priato.*

La paradoja del panismo, que ha perdido respaldo electoral mientras centra cada vez más sus esfuerzos en ganar elecciones, ilustra uno de los principales dilemas de los partidos políticos en las sociedades democráticas: el desafío de depender de la gente, pero sin quitar del cálculo el hecho de que, por adular al electorado, la institución puede perder su esencia…y al electorado, considerando además que, como señala Caplan, la competición democrática *deja pocos clientes satisfechos.* En las encuestas apenas 1 de cada 4

[xxxix] Las elecciones presidenciales de 1940, un año después de fundarse el PAN, fueron quizá las más violentas de la historia. Matones enviados por el gobierno quemaron casillas y asesinaron indiscriminadamente a simpatizantes del opositor Juan Andreu Almazán, para garantizar el triunfo de Ávila Camacho, que irónicamente terminaría siendo el mejor presidente mexicano del siglo XX.

personas opina que los representantes electos tratan de cumplir las promesas que hicieron en campaña y solo 1 de cada 5 confía en que la mayoría de los administradores del gobierno hace lo mejor para el país, pues *los políticos están condenados si actúan y condenados si no lo hacen. el público los califica de vendidos porque no lograron entregarles lo imposible.*[86]

¿Por qué? Porque, como hemos visto, las personas no toman decisiones en forma objetiva y racional, sino a través de sesgos y prejuicios que en muchas ocasiones las llevan a demandar políticas públicas que son francamente contraproducentes.

El ciudadano es culpable, el candidato también; uno por querer necedades, el otro por prometérselas y de ese modo reafirmar en la mente del primero que sus exigencias son viables. Después de todo, si el ciudadano espera *lo imposible* es porque en campaña hubo alguien que restregó ese imposible en posters y comerciales, junto a la carota del político al que ahora condenan por no cumplir.

El hecho es que los partidos deben ser "populares" para mantenerse en el poder, lo que implica una de las principales tentaciones y los mayores riesgos del sistema partidista, pues **la necesidad de respaldo por parte de los partidos se suma a la información incompleta en los votantes creando el caldo de cultivo de la demagogia** que le permite prosperar al líder con menos escrúpulos o más talento para mentir.

El resultado del ciclo de demagogia y decepción es la desconfianza, que se ha profundizado en los últimos años porque las redes sociales y los canales de cable con noticias las 24 horas han difuminado la frontera entre los tiempos electorales y las *temporadas de descanso*, además de exhibir en forma mucho más amplia las miserias de los políticos profesionales. En su intenso anhelo de ser populares y desacreditar al prójimo terminan por destruir también la base del templete de su propia credibilidad.

Esto es peligroso, porque desacredita las instituciones oficiales y tácitas que tantos siglos y tanta sangre costó desarrollar, incentivando en consecuencia el crecimiento de los radicalismos, mientras **el fantasma de la violencia como instrumento político se arrastra lenta, silenciosa, venenosamente de regreso a nuestras tierras.**

11

Las luchas políticas

Al explicar la definición de política hacíamos énfasis en el concepto de lucha y explicábamos que la diferencia entre una contienda electoral y una guerra civil es más de forma que de fondo. **Los grupos de poder eligen uno u otro campo de batalla con base en las condiciones de su contexto institucional y social**. Otro factor muy importante en la decisión de combatir con comerciales o con tanquetas es el nivel de discrepancia:

Cuando los contrincantes comparten una visión básica de la forma que debe asumir el estado y sólo están peleando para definir quién de todos ellos es el que encabeza la estructura de gobierno, es mucho más fácil construir acuerdos y recurrir a mecanismos como la alternancia o las coaliciones para domar la intensidad de las ambiciones hasta el punto en el que puedan esperar su turno de *sentarse en la silla*.

Cuando los contrincantes no están de acuerdo en cuál es la forma que debe asumir el aparato estatal (monarquistas vs republicanos, por ejemplo), es mucho más difícil contener las pasiones, pues ambos grupos en pugna entienden que, si su rival gana, ellos no tendrán cabida en el sistema resultante, convirtiendo todas las confrontaciones en luchas a todo o nada.

Centrémonos ahora en el primer escenario. Los grupos de poder alcanzaron un consenso sobre la forma de gobierno y los árbitros del proceso electoral, de manera que hay una democracia funcional. **¿Cómo combatir entonces, si ya no es a balazos?**

La manera más obvia es por medio de los **aliados formales**, aquellos cuya relación está respaldada en las leyes y que son públicamente conocidos. Por ejemplo, los diputados de un partido de oposición suben a tribuna, proponen puntos de acuerdo y hacen declaraciones a la prensa en las que critican la manera en que el gobernante está realizando su función.

La otra forma es por medio de **mecanismos tácitos**, aquellos que no tienen una vinculación oficial con los políticos en pugna, pero que apoyan a uno u otro ya sea por interés, por lealtad, por coincidencia ideológica o porque forman parte del mismo grupo de poder, léase logia/camarilla/grupo de amigos, etc.

¿Cuáles son sus armas?

- **Legales**. El marco normativo de los países tiene integradas en sus leyes una serie de instrumentos para la lucha política. Los más obvios están en la reglamentación del debate y el proceso parlamentario, que incluye la discusión de todas las iniciativas en comisiones y/o en pleno, donde típicamente se encuentran representadas las principales fuerzas políticas a través de sus respectivos diputados o senadores. De ahí que, al menos en el caso de México, tanto las cámaras del Congreso de la Unión como en los congresos estatales cuentan con un órgano conocido como Junta de Coordinación Política, en el que participan los coordinadores de los grupos parlamentarios, los cuales no sólo juegan un papel fundamental al poniendo orden al interior de su grupo, sino que también **se convierten en una especie de embajadores cuando es necesario negociar** un tema entre partidos.

Los mecanismos legales también incluyen la presentación de amparos y controversias constitucionales, para **someter al criterio del poder judicial aquellas determinaciones que tome un gobernante y con las que otros grupos políticos no están de acuerdo**. La constante lucha en tribunales entre Donald Trump y los miembros del Partido Demócrata respecto a la construcción del muro en la frontera con México es un ejemplo muy claro.

Finalmente, los mecanismos legales también pueden ser manipulados para presionar a los rivales, amenazando con castigarlos por los delitos que estos han cometido en caso de que no accedan a lo que les "solicita" el gobernante. Se trata básicamente de una extorsión, solo que en lugar de amenazarlos con hacerles daño usando sus propios medios, el agresor usufructúa a las leyes y al poder judicial, lo que también le permite aparecer ante la opinión pública como un defensor de las buenas costumbres y no como el agresor que en realidad es. Benito Juárez sintetizó esta estrategia con partes iguales de cinismo y genialidad, cuando dijo que *"a los amigos, justicia y gracia. A los enemigos, la ley a secas"*.

El problema cuando este mecanismo se vuelve costumbre no solo es la extorsión en sí, sino el hecho de que se convierte en un incentivo para que los dirigentes de los grupos políticos privilegien a personas que tienen cola que les pisen, conscientes de que esos vicios o delitos serán eventualmente una buena palanca de negociación, **convirtiendo al escenario político en una confabulación de mafiosos**.

- **Políticas**. Las declaraciones de dirigentes partidistas y representantes populares, los programas de capacitación para militantes, la presencia en medios de comunicación, los mítines y la publicidad forman parte del repertorio de armas políticas, cuya efectividad va cambiando con el paso del tiempo.

Por ejemplo, en México la principal arma política solían ser los eventos callejeros durante las campañas: los candidatos recorrían colonias y comercios, para terminar su jornada con reuniones masivas, que demostraban teóricamente la fuerza del candidato. Sin embargo, quizá después del chasco que se dieron los simpatizantes de Cuauhtémoc Cárdenas en las elecciones presidenciales de 1994 (cuando arrasaron en los mítines, obteniendo en palabras de Adolfo Aguilar Zínser,[xl] *una cosecha de plazas pletóricas*,[87] pero quedaron en tercer lugar en los votos) las campañas han tendido a enfocarse más

---

[xl] Su libro "¡Vamos a ganar! La pugna de Cuauhtémoc Cárdenas por el poder" es la narración más brillante de una campaña presidencial mexicana y debería ser de lectura obligatoria para quienes quieren entender la política partidista en México.

en la publicidad y en los medios de comunicación, haciendo en todo caso un par de eventos masivos.[xli]

- **Sociales**. Las declaraciones que emiten las organizaciones de la "sociedad civil", los activistas de cuanta causa se les ocurra, los grupos de vecinos y de comerciantes. En México el Partido Revolucionario Institucional y la izquierda han sido bastante exitosos a la hora de construir redes de respaldos supuestamente ciudadanos, pero que en realidad están alineados a la estrategia que se construye desde el partido político.

- **Mediáticas**. Los medios de comunicación pueden actuar como alfiles de los grupos políticos ya sea por identificación ideológica o por el incentivo de un apoyo económico, mejor conocido como chayote.

En México casi ningún periódico local, por ejemplo, es negocio en sí mismo, así que dependen enormemente de la publicidad gubernamental y de los vínculos con figuras de la política, de manera que en muchas ocasiones acaban convirtiéndose en arietes o en mensajeros al servicio de alguna de las partes en conflicto.

Incluso en el plano nacional, los opinólogos dependen de sus relaciones con políticos profesionales que los alimentan de datos para llenar el espacio de sus columnas diarias en el periódico, y tanto sus amistades/enemistades como su perfil ideológico influyen decisivamente en su interpretación de los acontecimientos.

[xli] La excepción, por cierto, bastante exitosa, ha sido López Obrador.

- **Personales.** Aquellas que se refieren a las relaciones de los políticos como seres humanos. El envío de espías entre grupos políticos es una práctica relativamente común, como lo es el aprovecharse de algún vicio o afición de la contraparte para presionarla a que actúe de cierto modo o, en un plan más amigable, para construir puentes que permitan resolver a partir de las afinidades personales una negociación que se volvería mucho más ardua desde el ámbito meramente institucional.

¿Qué es lo que pretenden obtener a través de esta lucha?

Impulsar la propia agenda. Todos los grupos de poder quieren obtener una serie de objetivos, que van desde lo más ideológico hasta lo más pedestre. Por inicio de cuentas, **necesitan obtener y conservar los suficientes espacios de poder como para colocar a sus integrantes más destacados**, de manera que estos sigan dedicándose profesionalmente al desarrollo del grupo y mantengan su lealtad a este.

Además, los líderes de cada grupo **necesitan continuamente justificar su posición de liderazgo obteniendo resultados**. Si no lo hacen, sus seguidores se pueden convertir repentinamente en sus peores enemigos.

Recuerdo un caso de hace unos 15 años: Había un "líder" de *exbraceros*[xlii] que supuestamente los estaba ayudando a

---

[xlii] Migrantes temporales que iban de México a Estados Unidos para trabajar en el campo durante la Segunda Guerra Mundial y la época inmediata posterior. El Gobierno de México les robó parte del dinero que les correspondía y nunca se los devolvió.

recuperar su dinero y para ello los llevaba a manifestarse bajo el vivo rayo de sol, y eventualmente se *engolosinó*, arrastrando a los mismos campesinos (y además cobrándoles por el viaje a la capital) varias veces en el transcurso de un mes, por lo que estos le perdieron el respeto y acabaron más bien *manifestándose* en contra del líder y reclamándole por su falta de resultados. El tipo eventualmente desapareció del panorama político.

Obstaculizar el avance de la agenda rival. En muchos casos, la política es un juego de suma cero y para que se impongan los puntos de vista del líder A es necesario impedir que el líder B gane una elección o logre consolidar una mayoría en la Cámara de Diputados, de manera que los contendientes recurrirán a las armas que mencionamos arriba para desacreditar a su contrincante y no dejar que se salga con la suya.

El problema para los países es cuando en su afán de amargarle la vida al otro, los partidos se oponen a iniciativas que en circunstancias normales habrían apoyado y que son objetivamente benéficas. Pensemos, por ejemplo, en la reforma para abrir el sector energético mexicano al sector privado:

1. Comenzó a plantearse en el sexenio de Ernesto Zedillo (PRI, 1994-2000) y entonces muchos panistas se opusieron e incluso aprovecharon el tema para exaltar los prejuicios nacionalistas como arma contra el presidente, que optó por dejar la reforma en una tímida serie de cambios administrativos.
2. Entre el 2000 y el 2012 el PAN ocupó la presidencia de la república y entonces los papeles se invirtieron, ahora los priístas fueron los que se envolvieron en la bandera para impedir que los cambios se aprobaran.

3. Finalmente, en el sexenio de Peña Nieto se logró aprobar la reforma energética, con casi 20 años de atraso, que representaron un costo de oportunidad gigantesco para el país.

Controlar la narración y la agenda nacional o local. La mayoría de las personas casi no se interesan en política, así que sus interpretaciones de lo que está sucediendo se basan principalmente en lo que escuchan de sus conocidos, lo que ven en la primera plana de los periódicos y lo que alcanzan a captar de noticias en radio, televisión e internet. Por lo tanto, quien logre controlar la forma en que estos elementos construyen la narración de la realidad tendrá avanzado más de la mitad del camino.

Por ejemplo, si un grupo de poder logra que todos los periódicos pongan en primera plana la manifestación que organizaron con 50 asistentes para protestar contra el gobierno, esta tendrá muchísimo más impacto en el decodificador (y en consecuencia, en la opinión) de los ciudadanos, que una marcha de 10 mil personas que no reciba cobertura en medios.

Los grupos ecologistas y animalistas son expertos en hacer eventos que prácticamente no tienen respaldo en tierra, pero reciben una enorme atención mediática y la narración que plantean (la tierra está en peligro, humanos malos y animales buenos) con el paso del tiempo se va infiltrando en el consenso social, obteniendo ganancias que de otro modo habrían sido mucho más costosas para el grupo que impulsa esa agenda.

Ganar el apoyo de los ciudadanos. Al final del día, en el juego democrático se gana con votos el día de la elección y con respaldo social a en las coyunturas de debate. Todo lo que hacen los partidos y los grupos de poder en general está orientado a construir, alimentar y ampliar su base de apoyos entre las personas de a pie. Por ello esta lucha se da no sólo en el terreno de los logros o pérdidas objetivas, sino sobre todo en el de la percepción.

Pocos ejemplos ilustran la primacía de la percepción con más claridad que la guerra de Vietnam. En términos estrictamente militares los Estados Unidos ya habían encontrado la forma de derrotar a la guerrilla comunista y al ejército de Vietnam del Norte, con todo y sus decenas de miles de "asesores" soviéticos. Sin embargo, estrategias militares norteamericanas como la ofensiva Tet, que tuvieron éxito en el campo de batalla, fueron presentadas por los medios de comunicación occidentales (saturados desde mediados de siglo por simpatizantes del comunismo internacional) como una *victoria sorprendente*[88] de los norvietnamitas. 5 años después los Estados Unidos firmaron los Tratados de Paris para abandonar en vergüenza una guerra que ganaron en el campo de batalla, pero que perdieron contundentemente en el campo de los medios de comunicación.

12

Las elecciones

Las elecciones **son el ejercicio que le permite a los partidos ajustar las posiciones que ocupan en el gobierno a partir de un criterio objetivo de respaldo ciudadano**, y al dividir la responsabilidad de esa decisión entre millones de personas reducen la tentación de obtener un triunfo por medio de la violencia, pues a menos que se disponga de todo el aparato represor del estado, es prácticamente imposible someter a balazos al número suficiente de ciudadanos como para alterar una elección nacional.

Además, podrá discutirse con los datos de una encuesta o con las percepciones de un opinólogo, pero (en una democracia que funciona bien) llegado el momento de la jornada electoral, **las cifras de los sufragios recibidos son una de las pocas certezas compartidas** por todos los participantes.

El proceso electoral no solo es una herramienta para tranquilizar los ánimos de los políticos profesionales, sino también de la sociedad. Ron Paul explica que las elecciones son utilizadas para silenciar los cuestionamientos respecto a la legitimidad de la fuerza política, ya que *tienden a pacificar al pueblo que ha "hablado" por medio del voto.*[89] Y el acto de votar se ha convertido en una especie de sacramento laico para las sociedades modernas. Algunas obligan legalmente a todos sus ciudadanos a acudir a las urnas, so pena de pagar una multa; otras lanzan intensas campañas de publicidad y propaganda para incentivar a las personas a participar en los comicios y para presentar como desobligados a quienes decidan no participar, como sucedió en 2006 con la campaña "Tu rock es votar" y su lema: *si no votas, cállate.*[xliii]

Sin embargo, algo curioso sucede: Muchos de los ciudadanos simplemente no salen a votar. De acuerdo con los datos del International Institute for Democracy and Electoral Assistance, el promedio mundial de participación en las elecciones parlamentarias ronda el 66% y en prácticamente todas las democracias del primer mundo esta presenta una ligera pero clara tendencia a la baja, por lo menos, desde los años 80s. En México el nivel más alto de participación fue en 1946 (89.7%) y 1994 (77%), pero en los últimos 25 años ha estado oscilando entre el 40 y el 60 por ciento.[90]

¿A qué se debe? Siendo sinceros, el voto es prácticamente irrelevante.[xliv]

[xliii] Fue la versión mexicana de la campaña "Rock the vote", que existe desde 1990 en Estados Unidos. Puedes ver uno de los comerciales Tu rock es votar en: https://www.youtube.com/watch?v=etC5U97NeD4

[xliv] Por otra parte, tiene su lado positivo: Ya que el voto individual es insignificante, los políticos tienen menos incentivos para amedrentar al ciudadano para obligarlo a que sufrague por X candidato, lo que de todos modos llega a suceder en algunos países.

Es famoso el cálculo de que tienes más probabilidades de morir en un accidente camino a la casilla que de colocar el voto decisivo en una elección nacional. Para ponerle números, un estudio publicado en Economic Inquiry señala que en Estados Unidos la posibilidad de hacer ese voto definitivo para inclinar la balanza en los comicios presidenciales es de 00,000,001 en 60,000,000. Es decir: una en sesenta millones.[91] Podrías votar todos los días durante más de 164 mil años y aun así nunca ser relevante en términos individuales.

Entonces quizá lo sorprendente no sea que parte de la población no se moleste en votar, sino que la mayoría de quienes están en condiciones de hacerlo sí dedican parte de su domingo cada 2, 3, 5 o 6 años para depositar una boleta. En México una elección intermedia atrae por lo menos al 40% del padrón, y es cierto que muchos de ellos van "acarreados" por liderazgos locales, pero hay al menos varios millones que en forma absolutamente voluntaria acuden a cruzar una papeleta, además del millón y medio de personas que entregando todo su domingo para ser parte del proceso democrático, pues participan como funcionarios de casilla en las elecciones federales, y nuevamente pongámosle números: 1.4 millones participaron en las 157 mil casillas preparadas para las elecciones del 2018.[92]

Todos ellos votan/**votamos porque creemos que nuestro sufragio es importante**. Matemáticamente esa importancia está muy en duda. Es más bien una alucinación colectiva que resulta indispensable para que el sistema se mantenga en pie, lo cual quizá es una buena noticia, considerando que como diría Churchill, *la democracia es la peor forma de gobierno, excepto por todas las demás*. Veamos pues, parte de las tripas del proceso.

Las campañas son el periodo en el cual cada uno de los partidos nos presenta a su candidato y lo contrasta con los demás, para ganarse nuestro voto.

Empecemos entonces por preguntarnos, ¿Qué define entonces nuestro voto?

Quisiéramos pensar que nuestra elección, después de meses de analizar propuestas está construida con base en una profunda comparación de los talentos que cada uno de los aspirantes podría aportar al cargo que pretende, pero – como seguramente ya sospechas después de todo lo que has leído aquí – eso no es cierto.

La verdad es que **definimos nuestro voto en base a prejuicios ideológicos y a la imagen que nos proyecta el candidato**, tanto en su figura física como en la narración que ha construido su equipo de campaña a través de la publicidad y la propaganda, oficial y tácita, con que nos han bombardeado en ocasiones incluso desde años antes de que siquiera inicie formalmente el proceso electoral.

Arranquemos por la cara. El rostro de los candidatos es fundamental. En términos generales juzgamos como más capaces a las personas que nos parecen más atractivas, y ello influye cuando tenemos que elegir entre varias opciones. De acuerdo con una investigación realizada en Estados Unidos, *en cerca del 70% de los casos, las evaluaciones respecto a la percepción de qué tan capaz es alguien, presentándole a los participantes en el estudio las imágenes de los candidatos durante apenas un segundo, permiten predecir quién ganará las elecciones,*[93] y este fenómeno se ha confirmado no solo en dicho país, sino también en naciones tan diversas como el Reino Unido, Alemania, México o Finlandia.

Por otra parte, en cuanto a los prejuicios ideológicos, veíamos antes que las personas tienden a usar el voto como una forma de sentirse mejor consigo mismas. Para millones de electores el voto no es solo un mero instrumento para obtener un resultado X, sino **una herramienta de expresión, que surge de una sitio similar al de nuestras aficiones deportivas**. *Los seguidores del equipo de casa en juega en un partido de futbol le echan porras no para ayudarlo a ganar, sino para expresar su lealtad…Similarmente, los ciudadanos podrían votar para expresar su patriotismo, su compasión o su devoción al ambiente.*[94]

De regreso a nuestro vecino del norte, otra investigación realizada en Estados Unidos, en este caso en el año 2015, durante los primeros meses de la precampaña presidencial rumbo a las elecciones presidenciales del año siguiente confirmó que *los votantes le dan más importancia a la posición del líder en temas clave…dejando en segundo plano a su habilidad de liderazgo…y, solo en tercer lugar a sus cualidades personales (quiénes son, incluyendo sus valores y potencial para seguir aprendiendo y creciendo).*[95]

Por lo tanto, es necesario matizar uno de los más fosilizados mitos en la política moderna: la idea de que las personas votan en base a sus intereses. Sí, estos están presentes, pero no son el único y en ocasiones ni siquiera el principal factor. Si tuviéramos que ponerle porcentajes quizá lo definamos en un 60% en base a nuestras idealistas lealtades y sólo en un 40% en base a nuestros pragmáticos intereses.

¿Por qué? Porque, como señalamos al inicio del capítulo es casi imposible que un voto aislado defina la historia. Al dividir la trascendental decisión de quién gobernará al país entre un padrón de decenas de millones de personas, el costo de esa elección se divide en tantas partes que cada una de ellas por sí misma es cercana a cero. Esto da como resultado dos fenómenos vinculados entre sí:

- El primero es que **el electorado en general no tiene ni idea de lo que está en juego** en los comicios o de lo que implicaría aplicar las propuestas de los candidatos en el mundo real, y no porque sean tontos o malos, sino porque son ***racionalmente ignorantes***,[96] Es decir, les conviene más dedicar su tiempo a aprender, digamos, macramé, que a leer a fondo las plataformas electorales.

- El segundo es que, ya que el hecho de votar genera un sentimiento de orgullo y muchas **las personas tienden a utilizar el sufragio para halagarse a sí mismas**, estas respaldarán a aquellas propuestas o candidatos a los que perciban como "justicieros" y que satisfagan su sentido de lealtad hacia la nación (anclada en nuestras mentes por siglos de condicionamiento en las escuelas y los hogares) sin que esa lealtad les implique un sacrificio, pues *el precio de la lealtad ideológica es el valor de la riqueza material que estamos dispuestos a perder con tal de seguir creyendo*,[97] y como hemos visto, en el caso de las elecciones, ese precio es básicamente de cero, así que *deberíamos esperar que las personas "sacien" su demanda de fantasías políticas, para creer lo que las haga sentir mejor. Después de todo, es gratis.*[98]

Sintetizando, **tenemos un electorado que generalmente es ignorante, distraído, narcisista y bienintencionado.**

La tarea de los equipos de campaña consiste en captar la atención de esos votantes y convencerlas de que sufragar en favor de su candidato es lo correcto tanto para el país en general como para esa persona en específico.

El primer paso es hacer que las personas sepan que el candidato existe. Entre quienes se dedican a organizar campañas hay una regla de buen cubero en el sentido de que para tener éxito es casi indispensable que el aspirante tenga niveles de reconocimiento de nombre del 40% antes del inicio formal de la contienda.

El segundo paso es lograr que quienes ya ubicaron la cara y el nombre del candidato, se decidan a votar por él, y para ello sus equipos necesitan lograr que sea percibido como una persona importante y capaz/honesta/valiente/experimentada/habilidosa.[xlv]

Empecemos por la importancia. Para obtener los niveles de respaldo necesarios en una elección abierta, **el candidato debe distinguirse de los demás, imponer agenda y ser percibido como una persona cuya opinión es un punto de referencia a tener en cuenta**, incluso si esa referencia es para criticarlo. Especialmente cuando hay muchos partidos en pugna, aquel que logra diferenciarse del resto y presentarse como el líder de su sector ideológico tiene ganada buena parte del camino.

Así lo ha hecho VOX en España: cuando se formaron parecían condenados a ser uno más de las decenas de

---

[xlv] La priorización de alguno de esos atributos u otros más dependerá del perfil de candidato y la estrategia que diseñe su equipo para sacarle jugo a sus fortalezas de cara a un electorado y contexto específico.

minipartidos que pululan en los márgenes de la vida política de ese país, y efectivamente en sus primeras elecciones generales obtuvo apenas 58,114 votos[99] el (0.23% del total), pero en los siguientes 4 años **se consolidaron ante la opinión pública como *la referencia* de la derecha** española, mientras que el Partido Popular y Ciudadanos se jalaron hacia el centro, al grado de volverse casi indistinguibles respecto a la izquierda. ¿El resultado? En las elecciones generales del 28 de abril del 2019 VOX brincó a 2.68 millones de votos (10.3% del total), incluso a pesar de la mala fe en la cobertura de los grandes medios de comunicación, que convirtieron el difamar a ese partido en una especie de deporte nacional.

Algo similar hizo Trump en 2015-2016. Inició siendo aparentemente un candidato de relleno en las elecciones internas del Partido Republicano, en las que participaba junto a otros 16 contendientes, pero rápidamente utilizó sus habilidades en el ámbito de la comunicación para distinguirse, para volverse relevante ante los electores y hacer que la contienda girará en torno a él. Lo amaran o lo odiaran, absorbió todo el oxígeno político de esa campaña, ahogando a rivales como Jeb Bush o Ted Cruz, que inicialmente parecían mucho más poderosos.

Por lo pronto aquí va un botón de las estrategias que le permitieron lograrlo. Como explica Scott Adams,[xlvi] una de las técnicas que *el Donald* domina a la perfección y que le permitieron tener un impacto enorme sobre el debate

---

[xlvi] Cuyo libro "Win Bigly" es una extraordinaria explicación del fenómeno de Donald Trump y debe ser una lectura obligatoria para quien quiera entender cómo funciona la persuasión dentro de la política en general.

público, se llama persuasión a través de errores intencionales, y funciona básicamente en dos etapas:[100]

1. Haces una declaración que este orientada en dirección correcta, pero que sea muy exagerada o incluya un error en los datos

2. Luego esperas a que las personas noten el error y pasen un montón de horas explicando por qué está mal.

¿El resultado? Cuando una persona o un grupo de personas – digamos, la opinión pública – le dedican atención y energía a una idea, ello **provocará que la recuerden y que crean que dicha idea es una prioridad**, incluso aunque racionalmente no lo sea. La moraleja es la siguiente: Si el político X logra que tu hables del tema que él definió, incluso aunque sólo sea para criticarlo, te has convertido esencialmente en un peón de su estrategia.

En forma más o menos similar, un candidato puede aprovechar las críticas de los demás para convertirse en el centro de la elección, como lo hizo en 2018 López Obrador. Ya que el panista Ricardo Anaya y el priísta José Antonio Meade centraron buena parte de sus esfuerzos en repetir el mantra de AMLO como el "peligro para México", los comicios se convirtieron para efectos prácticos en un referéndum sobre Andrés Manuel, mientras que los demás candidatos quedaron reducidos al rol de actores de reparto.

Si revisas la prensa de aquel año verás que durante los meses de precampaña y campaña la agenda estuvo dominada por el tema Obrador. Una vez más, podrías odiarlo o amarlo, pero de lo que no había dudas es de que él era quien estaba a cargo.

Ahora, es cierto que este tipo de técnicas no necesariamente funcionan con todas las personas, pero en un escenario razonablemente competitivo no es necesario que arrasen con el público, **basta con que muevan la opinión y la energía de un pequeño porcentaje** – Scott Adams habla incluso de un 5% - para hacer la diferencia entre el triunfo y la derrota.

La otra parte del trabajo de las campañas consiste en que los votantes se convenzan de que como su candidato es una persona capaz/honesta/valiente/experimentada/habilidosa, el votar por ella es lo correcto.

Para lograrlo no basta con tapizar las calles del país con carteles que digan "Fulanito de Tal, un líder capaz/honesto/valiente/experimentado/habilidoso". Para captar la atención de las personas y poderlas convencer **es necesario ofrecerles una narración de la que el candidato es el protagonista** y en la que el ciudadano se puede integrar como el héroe del momento decisivo, con su donación a la campaña, con su respaldo en redes sociales y, por supuesto, con su voto el día de los comicios.

Es indispensable que la narración que la campaña le ofrece al ciudadano sea divertida. El candidato puede tener las mejores propuestas, pero el hecho es que las políticas públicas son muy aburridas para el 99.5% de los seres humanos y los únicos que las toleran son los licenciados en administración pública.

Entonces, sí, el candidato necesita *propuestas y es* fundamental que sean *fáciles de recordar, de entender y de compartir,*[101] además de que estén presentadas en forma que los conceptos puedan ser asimilados visualmente por parte de los electores. En pocas palabras: Si tu idea es maravillosa, pero es aburrida, la gente NO la va a aceptar.

Al final del día, las propuestas son más que nada el mero pretexto que le permita al elector racionalizar su respaldo al candidato, un respaldo que este se ganó en realidad recurriendo a los intereses y a las lealtades del votante e integrándolos en un narración entretenida, la cual se construye no solo con los discursos del aspirante y su publicidad, sino también con lo que de él dicen sus rivales.

Nuevamente, el ejemplo de Trump es digno de tomarse en cuenta. Donald Trump y su equipo tomaron como base las percepciones que los norteamericanos ya tenían respecto a él: empresario exitoso, hombre decidido, negociador nato[xlvii]. Ese era, por decirlo de algún modo, **el personaje**.

El siguiente paso era situar a ese personaje en un contexto, y eligieron el de una república estadounidense en crisis, sometida por grupos de interés y políticos sin escrúpulos,[xlviii] a los cuales integraron en una sola figura antagónica a la que denominaron "el pantano", un juego de palabras que hace referencia a la pestilencia y podredumbre del *establishment* político de Washington y el hecho ampliamente conocido en Estados Unidos, de que la capital se construyó sobre lo que solía ser un pantano.

[xlvii] Literalmente escribió el libro sobre cómo negociar: *The Art of the Deal*, que ha sido referencia en Estados Unidos desde que se publicó por primera vez en 1987.

[xlviii] El libro que lanzó como parte de su lanzamiento de campaña originalmente llevaba como título "Crippled America" (América Lisiada). En posteriores ediciones, cuando ya había avanzado la contienda, cambiaron el título por el de "Great Again: How to Fix Our Crippled America" (Grande Otra Vez, cómo rehabilitar a nuestra América lisiada)

Si Trump hubiera puesto como sus enemigos a los políticos que no responden plena y sinceramente a los compromisos que asumieron de cara a la sociedad, su planteamiento habría sido más matizado, pero habría matado de aburrimiento al auditorio. En cambio, "el pantano" es algo que todos entendemos y que a todos nos desagrada y nos recuerda a un monstruo de película de serie B, sin necesidad de mayores explicaciones.[xlix]

Una vez definido el contexto y el enemigo, nuestro protagonista necesita una ruta, una visión por la que valga la pena luchar y una serie de valores que le den coherencia en el camino, y todo eso lo expresó por medio de su lema "Make America Great Again" (MAGA), que en español sería "Hacer que América sea Grande de Nuevo" y que funciona en varios niveles: Hace referencia al patriotismo, a la nostalgia por la prosperidad de otros tiempos,[l] a la esperanza de recuperar ese nivel de vida y, como pilón, integra a Trump en la tradición de los conservadores,[li] pues ese mismo lema lo uso Ronald Reagan dentro de su mítica campaña de 1980.

En la travesía del protagonista se montó el resto de la comunicación de la campaña, con propuestas terriblemente simples, pero muy fáciles de visualizar, empezando por el famoso "muro fronterizo" y con un estilo de comunicación centrado en presentar a los simpatizantes como héroes que

---

[xlix] Algo similar hizo Obrador en México con "la mafia del poder" y "el PRIAN", ambos conceptos fueron muy exitosos.

[l] Recordemos que las personas tienden a pensar que en el pasado se vivía mejor, entre otras cosas porque la memoria tiende a dejar de lado los malos recuerdos y destacar los buenos momentos.

[li] Lo que le permitió contrarrestar directamente la acusación de que era un oportunista. Inicialmente la reacción respecto a Trump en el *establishment* de la derecha fue tan negativa que la revista National Review, estandarte del pensamiento conservador, dedico un número completo, titulado "Contra Trump" a criticarlo en plena precampaña.

colaboran con el candidato, de manera en que para un seguidor de Trump el ponerse la gorra roja con las siglas de MAGA, compartir un meme en redes sociales o contestar un tuit era mucho más que un acto aislado, era su forma de atacar al pantano y defender al héroe justiciero que estaba luchando para limpiarlo.

Podrán juzgarse muchas cosas respecto a la campaña de Trump, pero lo que está más allá de toda duda es que **el sentimiento de lealtad que generó en sus seguidores es genuino y tuvo la potencia suficiente como para permitirle ganar las elecciones** en un proceso donde empezó prácticamente sin apoyos, enfrentando la hostilidad de su propio partido y de toda la maquinaria mediática de los demócratas, que durante ya cinco años ha lanzado el mayor esfuerzo de difamación en la historia de la humanidad en contra de Donald Trump, cuya resistencia es simplemente algo extraordinario, pues un político normal no habría resistido ese nivel presión ni siquiera durante una semana.

La movilización. La narración es fundamental, pero también lo es el tener una estructura de tierra que respalde al candidato y que logre sacar a las personas a votar en el día de la elección. Trump tenía una campaña brillante, pero jamás habría ganado la elección sin la estructura del Partido Republicano, que inicialmente lo despreciaba, pero con la que llegó a una especie de resignada tolerancia, pues ambos se necesitaban.

Esta movilización tiene dos grandes mecanismos: En la campaña permite aterrizar los mensajes a nivel micro, y el día de la elección ayuda al equipo del candidato a recordarle a sus simpatizantes que salgan a votar. Cuando este ejercicio se realiza en forma adecuada, el cuartel de guerra puede hacerse una idea bastante cercana a la realidad del resultado de las elecciones desde mitad de la jornada de votación, simplemente a través de los registros de sus redes en tierra.

¿Qué pasa si un candidato hace una campaña de 10, pero no tiene estructura? Bueno, para ejemplificarlo recurro una vez más a los Simpson. En el episodio 19 de la segunda temporada, titulado "El Substituto de Lisa", Bart hace campaña para convertirse en el jefe de la clase, enfrentando al aplicado del salón, Martin Prince, a quien arrasa en los debates. Sin embargo, el día de las elecciones ni Bart ni sus simpatizantes se acuerdan de ir a votar, así que pierde la elección.

Las encuestas también merecen una reflexión aparte. Las personas tienden a contestar las encuestas, incluso cuando son anónimas, con respuestas que ellas consideran que serán agradables para el encuestador, por lo que en muchos casos no mencionarán o comportamientos u opiniones que subjetivamente creen que los harían *quedar mal*, debido al ya mencionado sesgo de deseabilidad social.

El resultado es que estos ejercicios, por muy bien que estén redactados y por más empeño que se haya puesto en seleccionar los grupos demográficos, **terminan ofreciendo una visión distorsionada o incluso ficticia de la realidad**, y eso puede provocar graves dolores de cabeza dentro del proceso político.

Por ejemplo, en las elecciones presidenciales de Nicaragua en 1990, México en el 2000 y Estados Unidos en 2016, los candidatos que aparecían en primer lugar en las encuestas (Daniel Ortega, Labastida y Clinton, respectivamente) fueron sorpresivamente derrotados con claridad por sus rivales, debido a que muchos electores optaron por mentirle a los encuestadores para no *quedar mal* con ellos.

Este fenómeno ofrece una buena oportunidad para reflexionar respecto a la acción humana. En el caso de las encuestas, tenemos un hecho objetivo: un ser humano que responde a una serie de preguntas, pero en ese hecho hay involucradas – al menos – dos acciones: La de quien pregunta y la de quien responde, que **tienen objetivos y percepciones radicalmente distintos y que por lo tanto *hacen* cosas radicalmente diferentes incluso aunque estén aparentemente haciendo lo mismo**.

Me explico: el encuestador actúa con el objetivo de conocer qué es lo que piensa su contraparte, para lo que ha seleccionado como medio un cuestionario. Es obvio que, al aceptar responder a las preguntas, el encuestado también ha aceptado el cuestionario como medio, pero su acción no es la de conocer lo que piensa, sino quizá la de satisfacer su ego al sentirse importante de que le pregunten (por lo que responderá incluso aunque no tenga idea de lo que le están preguntando, para no exhibir su ignorancia), la de hacerle un favor al encuestador (por lo que responderá aquello que considera que le ayudará a quedar bien) o incluso la de quitarse de encima a un potencialmente peligroso investigador del estado (por lo que responderá cosas "políticamente correctas" sin importar que sean o no ciertas).

Y no solo aplica para las grandes preguntas, sino también para aquellas que son aparentemente irrelevantes.

A mediados del siglo pasado, un grupo de investigadores reunió datos sobre encuestas realizadas en la ciudad norteamericana de Denver: 63% dijo haber votado en la última elección de alcalde ¿La participación real? 36%. Lo mismo pasó respecto a las donaciones a esfuerzos comunitarios de caridad, 67% presumió haberlo hecho, pero sólo un 33% realmente había donado; 20% dijeron tener credencial de la biblioteca pública, sólo el 13% contaba con ella.[102]

Cerrando este tema, es importante tener en cuenta el principio de la mera medición, que básicamente significa que *cuando a las personas se les pregunta qué es lo que piensan hacer,* ese sólo hecho influye para que sea *más probable que actúen de acuerdo a sus respuestas.*[103] Para aterrizar los efectos de este fenómeno en el ámbito de la política baste con señalar que, si el día previo a las elecciones se le pregunta a alguien por quién votará mañana, puede aumentarse hasta en 25% las probabilidades de que el encuestado efectivamente salga a la casilla y emita su voto.[104]

Otras dos reflexiones.

El dinero basta para ganar una campaña sólo en escenarios donde un partido tiene una ventaja estructural abrumadora sobre el resto. Durante los años negros del dominio priísta en México, ese partido simplemente apostaba por su arrolladora maquinaria de publicidad para tapizar las calles y las consciencias con el nombre de su candidato, incluso aunque la propuesta de comunicación no tuviera sentido. En las elecciones a presidente municipal de León en 1976[lii] presentaron a su candidato como "el cambio que León necesita" a pesar de que llevaban más de medio siglo

---

[lii] En aquellas elecciones, aunque oficialmente el candidato del PRI ganó esa elección, el fraude fue tan evidente que el gobierno tuvo que anular los resultados de las elecciones e instalar en el Ayuntamiento a un consejo de personas notables.

gobernando la ciudad y tenían el control absoluto del panorama político. En ese entorno una campaña con ese mensaje era más un insulto que persuasión, pero así lo acostumbraba entonces el PRI.

El otro gran elemento a tener en cuenta es la suerte …en palabras de Thaler y Sunstein *la mayoría de los gobernantes actuales son difíciles de distinguir de docenas e incluso centenares de políticos cuyas candidaturas fueron un completo fracaso,*[105] y lo mismo aplica para las campañas.

13

El gobierno

Analizar a fondo el funcionamiento de los gobiernos requeriría por sí mismo un libro mucho más grande que este, pero creo que vale la pena voltear la atención al menos a tres de las principales quejas que lanzamos los ciudadanos cuando se trata de juzgar la actuación de nuestros gobernantes: la arrogancia, la corrupción y las promesas incumplidas.

La arrogancia y la tentación tiránica son parte ineludible de los procesos gubernamentales, cuya función esencial consiste justamente en reprimir las acciones de las personas sometidas a su imperio para que estas se mantengan dentro de un cauce aceptable, al que en las democracias modernas conocemos como estado de derecho. Por lo tanto, sin importar qué tanto la administración pública se disfrace de solidaria y *buena onda*, la incómoda verdad es que, incluso bajo una interpretación benigna:

> *Todo gobierno se basa en la coerción. Los oficiales públicos prohíben el asesinato, la violación y el asalto. Imponen reglas para proteger los derechos de propiedad...y las personas que violan esas reglas podrían enfrentar un riesgo de cárcel.*[106]

Por lo tanto no es de sorprender que una de las acusaciones más constantes y certeras contra los gobiernos es la de que sus integrantes pecan de arrogancia al pretender la imposición de planes y leyes sin tomar en cuenta los derechos de las demás personas a que no se interfiera con su vida, libertad y propiedad y, por supuesto, sin considerar que la acción de esas personas no puede ser plenamente previsualizada, ya que los planificadores simplemente no tienen acceso a la mente de todos los seres humanos de un territorio definido, como para conocer de qué información disponen, cómo la perciben, cómo la procesan y cómo la integran en su escala subjetiva de valores y prioridades.

Esta arrogancia se encarna de cuerpo entero en el inmortalmente infame *Bando* del marqués de Croix, publicado en la Ciudad de México el 25 de junio de 1767 como respuesta del Virrey ante las inquietud con que reaccionaron los novohispanos cuando llegó la orden del Rey de España para expulsar a los sacerdotes jesuitas de todos los territorios del imperio, incluyendo la Nueva España. La proclamación, (breve, pero grotesca y contundente), termina con las siguientes palabras:

> *...de una vez para lo venidero deben saber los súbditos del gran monarca que ocupa el trono de España, que nacieron para callar y obedecer y no para discurrir, ni opinar en los altos asuntos del gobierno.*[107]

Si pones atención en los planes de gobierno, en las exposiciones de motivos de las iniciativas de ley y en las explicaciones de las políticas públicas de cualquier país del mundo notarás que, **una vez coladas las buenas intenciones y los disfraces teóricos, lo que queda es una voluntad centralizadora**, muy similar a la de aquel virrey novohispano. Cada vez que el gobierno regula algo, desde el consumo de drogas hasta los establecimientos comerciales o la salud, su convicción subyacente es que los súbditos carecen de la capacidad y del conocimiento para tomar la decisión más adecuada, por lo que esta debe quedar en manos de expertos cuyo conocimiento técnico y estatus de autoridad les otorga el derecho de decidir qué es lo mejor para los demás.

Quisiéramos pensar que la soberbia del marqués era producto de un régimen monárquico y que en las democracias los tomadores de decisiones tienen un mejor concepto de aquellas personas que con su respaldo en las urnas supuestamente les otorgaron el mandato para gobernar.

Desgraciadamente, el de la arrogancia es un vicio que no se limita a las páginas de la historia. Un ejemplo mucho más reciente es el de Jonathan Gruber, profesor de economía en el Massachusetts Institute of Technology y mente maestra detrás del *Affordable Care Act*, mejor conocido como Obamacare, un polémico programa de seguridad social que provocó una gran ola de rechazo entre pacientes, médicos y ciudadanos en general. Tiempo después de la aprobación de dicha reforma, Gruber participó en la vigésimo cuarta *Annual Health Economics Conference*, realizada en el Leonard Davis Institute of Health Economics de la

Universidad de Pennsylvania. Ahí señaló específicamente que el Obamacare:

> …fue *escrito en forma intrincada para asegurarse de que lo calificaran como impuestos…**la falta de transparencia es una enorme ventaja política***…básicamente, **definanlo como la estupidez del votante estadounidense o como quieran**, *pero básicamente eso fue muy, muy importante para lograr que esto fuera aprobado.*[108]

La estupidez del votante. Más claro, no se puede.

Esa arrogancia no solo se alimenta de los defectos en el carácter de los políticos, sino en la influencia del entorno y de su modo de vida.

Ellos, como los músicos, los médicos o los albañiles, **tienden a convivir principalmente con personas que se dedican a su misma profesión** y que comparten en términos generales sus mismos puntos de vista. El candidato y el alto funcionario de gobierno normalmente provienen de familias que han estado involucradas en la política partidista al menos durante una generación, tienden a casarse con otras personas del mismo círculo y básicamente se encierran en una cámara de eco, alejándose del resto de la sociedad; con el paso de los años, incluso sin darse cuenta, **llegan a considerar al ciudadano de a pie como una mera abstracción o un instrumento ignorante**, que no comprende las complejas maquinaciones que desarrolla nuestro amigo el político y sus colegas los expertos.

De ahí al "*nacieron para callar y obedecer*"hay una línea muy delgada.

Este fenómeno es especialmente notorio y nocivo cuando sucede entre las clases gobernantes, pero no es exclusivo de ellas. Las élites académicas y las personas con profesiones altamente especializadas tienden a ver con cierta condescendencia a los simples mortales que no entienden lo que ellos llevan a cabo. Una vez más, **el problema no está en sí en la política, sino en la naturaleza humana**.

Dicho esto, cuando el aislamiento de los gobernantes respecto a la sociedad que dirigen pasa de un cierto punto crítico, este interfiere con el proceso de interacción que es indispensable para que la política funcione de manera efectiva, y eventualmente puede provocar que esos líderes estén ciegos respecto a la realidad que los rodea, de manera que se imaginen a sí mismos como figuras populares y respetadas cuando en realidad los súbditos están reclamando su cabeza.

El ejemplo más drástico en los últimos años fue el del dictador comunista rumano Nicolae Ceaușescu. Originalmente había sido un "moderado" para los estándares de Europa del este, pero conforme avanzó su gobierno se volvió cada vez más autoritario, se aisló en un pequeño círculo de consejeros y perdió contacto con la realidad hasta el punto de realizar ceremonias inaugurales de obras que no existían y sólo se habían montado burdamente para que él posara en la televisión.

Su arrogancia e ignorancia llegaron hasta el punto de que no entendió que el comunismo había quedado condenado tras la caída del muro de Berlín, el 9 de noviembre de 1989, así que se aferró al poder.

A mediados de diciembre le ordenó al ejército que masacraran a decenas de manifestantes en la ciudad de Timişoara y convocó para el 21 de diciembre a una manifestación masiva en favor del régimen. Ese día salió al balcón a repetir los clichés comunistas que tan bien le habían funcionado durante décadas, pero después de 10 minutos de perorata el público comenzó a abuchearlo. Ceauşescu sólo atinó a mirarlos con el rostro perplejo, sin entender qué estaba pasando, antes de salir huyendo junto con su esposa Elena. Fueron arrestados unas horas después y ejecutados públicamente el día de navidad.

De forma menos dramática, **esta línea temporal de aislamiento-arrogancia-ignorancia-derrota se repite por miles en todos los niveles de la lucha política**, desde la privacidad de los conflictos al interior de los grupos de poder y los partidos, hasta los candidatos que sentían seguro el triunfo y se topan el día de las elecciones con un rechazo de los votantes, que no pueden procesar y ni siquiera comprender.

¿Cómo evitar hacerle al Nicolae Ceauşescu? Una forma es por medio de encuestas. Los gobiernos actuales se la pasan contratando encuestas para tomar la medida de lo que opinan los ciudadanos, aunque estos ejercicios tienen severas limitaciones para transmitir los matices del sentimiento público.

Otra opción es que los líderes sigan haciendo, en la medida de lo posible, algunas cosas de "personas normales" y que se esfuercen por integrar en sus equipos de colaboradores a personas que puedan darles retroalimentación que sea tanto sincera como realista. Lo mismo aplica para quienes ocupan altos cargos en el sector privado.

La corrupción es otra mancha permanente de los gobiernos, y aquí lo primero que debemos entender es que esta es parte de la naturaleza humana. **Quien prometa "acabar con la corrupción" es un idiota o un mentiroso – y un corrupto.**

Lo que sí se puede hacer es modificar los incentivos y perfeccionar las instituciones para disminuir la tentación de corromperse, facilitar la detección de los funcionarios corruptos y reducir los niveles de impunidad. Y en los tres pasos antes mencionados hay una palabra clave: **Transparencia.**

Cuando existe opacidad en los procesos de toma de decisiones, quienes están encargados de estas pueden actuar únicamente en base a los caprichos de su criterio, y ese enorme poder tiene dos efectos:

1. Convierte a esos puestos en imanes para personas sin escrúpulos.

2. Incentiva a que incluso si el funcionario es inicialmente honesto, quede constantemente bajo la tentación de aceptar o solicitar sobornos.

No sólo pasa en los gobiernos, sino también en el sector privado. Las jerarquías religiosas, los clubes deportivos y el mundo del espectáculo son muy propensos a casos crónicos de abuso sexual, que incluso se extienden durante décadas, porque el avance de la carrera de los jóvenes está completamente a discreción de ciertos mandos medios de la estructura, y si ahí se cuela una "manzana podrida" esta puede permanecer ahí toda su carrera, esparciendo una red de complicidades a su alrededor, sin que nadie se dé cuenta.

En la época del PRI ese proceso de corrupción se convirtió en todo un sistema. Si querías hacer carrera partidista, tenías que empezar como "asistente" de un político que tuviera el poder para proyectarte. Por supuesto, esa labor incluía cumplir absolutamente todos los caprichos de ese personaje, lo que permitía purgar la lista de aspirantes de aquellas personas que no estaban dispuestas a ser parte del juego y fortalecía una red de lealtades en base a los actos de corrupción compartidos o al menos conocidos por todos los integrantes de ese grupo de poder.

La otra mitad de la historia es la de la opacidad en las decisiones de gobierno. La práctica de los *moches* y el *diezmo* en la obra pública es de sobra conocida en el sector de la construcción, aunque de dientes para afuera los gobiernos de todos los partidos proclamen estar tomando medidas para combatirla. El hecho es que muchas constructoras invierten tanto en medios de comunicación como en campañas políticas, y luego recuperan esas inversiones a través de contratos financiados con dinero público.

De manera similar, la vinculación de las mafias de taxistas, comerciantes ambulantes y pedigüeños profesionales con ciertos partidos políticos es pública y notoria. Los multimillonarios "apoyos" de PEMEX al Sindicato de Trabajadores Petroleros de la República Mexicana son legendarios en este aspecto, como también lo son los vínculos políticos de líderes de ambulantes como Alejandra Barrios y Guillermina Rico, que literalmente asfixiaron al centro de la Ciudad de México en mantas y toldos.[109] En estos casos la corrupción consiste en que el gobierno:

- **Deje de aplicar la ley,** para permitir que un grupo realice una actividad que está prohibida para todos los demás.

- **Establezca una ley** que vuelva ilegal hacerles competencia a estos grupos.

- **Designe recursos públicos** para uso y disfrute de esos grupos.

Otro motor de la corrupción es la necesidad de crear y mantener parcelas burocráticas en las que los grupos de poder puedan colocar a sus integrantes, en muchas ocasiones por medio de la creación de oficinas que generan más problemas de los que resuelven, como sentenció de forma brillante Carlos Castillo Peraza cuando definió a la burocracia como *el arte de convertir lo fácil en difícil por medio de lo inútil.*

En este sentido **los números de Venezuela son escalofriantes**. En 1999, durante los primeros días del chavismo, el 13.3%[110] de los trabajadores eran burócratas, pero ese porcentaje se incrementó a cerca del 20% en 2012[111] y alcanzó un nivel cercano al 33% en 2019,[112] mientras el país se sumió en una degradación económica de proporciones monumentales.

Sin embargo, la expansión de la masa burocrática no solo ocurre en las dictaduras de izquierda. Incluso en los Estados Unidos, el porcentaje de trabajadores que laboran para el gobierno en sus diversas ramas y niveles nunca baja del 10% y – dependiendo del estado – puede incluso llegar al 25%,[113] como sucede en Alaska.

En México, curiosamente los números son mucho más bajos. En 2016 los empleados públicos a nivel federal y estatal eran aproximadamente 4.2 millones,[114] lo que equivale aproximadamente al 8% de la Población Económicamente Activa.

Ahora bien, es cierto que, quizá durante los últimos veinte años, México ha realizado esfuerzos muy importantes para desarrollar un sistema anticorrupción que ya está conformado por al menos 25 leyes y que año con año absorbe **cerca de ocho mil millones de pesos.**[115]

Las intenciones de ese trabajo parecen buenas, lo que no está tan claro son sus resultados. Las percepciones de corrupción parecen contar una historia en la que las malas mañas se consolidan en lugar de desvanecerse,[116] y en el mismo sentido, la investigación del venezolano Pablo Sánchez Nassif[liii] apunta a que, en países como Colombia y México, los esfuerzos legislativos en materia de combate a la corrupción pudieron incluso ser contraproducentes.

Entonces, ¿qué hacer? Una radical pero trágicamente poco explorada propuesta de campaña del panista **Ricardo Anaya ofrecía una opción muy interesante.** El candidato planteó a mediados de abril del 2018 **utilizar la tecnología de la cadena de bloques (la misma que sustenta al Bitcoin) para contar con un registro público y en tiempo real de los gastos que realiza el gobierno,** lo que reduciría casi a cero la posibilidad de manipular ilícitamente los montos, porque al funcionar como una red descentralizada de

---

[liii] Concretamente su ensayo "Delirium tremens: cómo las soluciones actuales contra la corrupción no hacen más que aumentarla", premiado en la décimo tercera edición del concurso internacional de ensayo Caminos de la Libertad.

registros, es prácticamente imposible falsear o modificar de forma subrepticia los datos una vez que han sido ingresados a la cadena.

Es decir: transparencia. Como dijo Louis Brandeis,[liv] refiriéndose a la necesidad de una mayor claridad en el actuar de los gobiernos *la luz solar es el mejor de los desinfectantes.*

Volteemos la mirada hacia la función pública y ahí donde el sol no asoma la cara; ahí donde la verdad se oculta bajo el manto de los tecnicismos innecesarios o la complejidad burocrática, es donde resultará más probable encontrar corrupción, y para combatirla se necesita **descentralizar el poder, para reducir las tentaciones; transparentar los mecanismos de toma de decisiones, para reducir los escondites; y simplificar el funcionamiento de la estructura de la administración pública, para que todos tengamos claro qué es lo que está sucediendo.**

Las promesas incumplidas. Como veíamos en el capítulo uno, tanto en México como en el resto del mundo, las personas parecen estar bastante enojadas con los candidatos a los cuales han electo para que las representen. Muchas veces se considera que ello es culpa principalmente de los políticos, que han traicionado la voluntad de sus electores y por lo tanto bastaría con reemplazarlos para resolver el problema.

Sin embargo, en la realidad no sucede así. La alternancia tiene enormes beneficios como incentivo para respetar el dinamismo de la interacción política y prevenir escenarios

---

[liv] Juez de la Suprema Corte de los Estados Unidos entre 1916 y 1939.

crónicos de corrupción, pero no resuelve el problema de fondo, por lo que después de unos cuantos años la sociedad mira con recelo a quienes hace una elección consideraban como sus salvadores.

¿Qué sucede entonces? Que quizá el problema no solo esté en los políticos profesionales, sino que se oculte en una parte del modelo mismo de la democracia. Caplan señala que *la democracia fracasa porque hace lo que los votantes quieren. En jerga de economistas, la democracia tiene una externalidad. Un votante irracional no sólo se daña a sí mismo. También daña a todos los demás.*[117] El costo de un voto irresponsable es inexistente para el votante en lo individual, pero cuando se suma su costo social con el de otros 30 millones de electores ignorantes o caprichosos, el precio que pagará todo el país será enorme.

Muchas veces las personas son (somos) incapaces de visualizar este costo compartido, en especial cuando alguna de las campañas ha logrado generar un vínculo emocional con sus seguidores. Cuando Trump dijo que podría dispararle a alguien en la Quinta Avenida y no perder votos, solo estaba exagerando a medias, pues una vez que el votante está convencido de que, por ejemplo, el tema de una elección específica es el combate a la corrupción, respaldará a quien perciba como el candidato justiciero, incluso aunque sepa o se le explique que las propuestas de ese aspirante en materia económica son desastrosas. La respuesta acaba siendo la de aquel meme de la campaña mexicana del 2018: "me vale, de todos modos, voy a votar por Obrador".

Sin embargo, **cuando ese candidato asume el cargo, las cosas cambian.** Como bien explicaba Chesterton, cuando un político está en la oposición es un experto en los medios para alcanzar un objetivo [de política pública]; y cuando está en el gobierno es un experto en los obstáculos para lograrlo.[118] El candidato que tiene soluciones para todos los problemas convence al electorado, obtiene un triunfo contundente en las elecciones, jura, se instala en las oficinas de gobierno y en ese momento, como por arte de una mala magia, se transforma en un ser diametralmente distinto, que le encuentra problemas a todas las soluciones que hubiera aplaudido de pie el día anterior a los comicios.

Además, eventualmente tendrá que responder ante sus votantes por la situación del país, y normalmente esa respuesta será insuficiente. Más allá de que el gobierno sea teóricamente de izquierda o derecha, los candidatos que llegan impulsados por grandes olas de esperanza están en grave riesgo de terminar sumidos en crisis de popularidad, en parte por el desgaste natural de la función de gobierno, pero también porque incluso si ese gobernante fuera justo, santo y sabio, las personas suelen colocar en sus políticos expectativas que son francamente irreales: acabar con la corrupción, eliminar la pobreza, generar prosperidad para todos. Por lo tanto, el manejo de expectativas, a través de la narración del candidato y eventualmente de su gobierno, es una auténtica forma de arte.

Una de las maneras en que se suele realizar este manejo de las expectativas es aprovechando los sesgos en la percepción de los ciudadanos, incluyendo el que muchas veces tienden a subestimar el control que el gobernante ejerce respecto al resto de su equipo, lo que los políticos aprovechan para dos cosas:

La primera ocurre en los regímenes autoritarios y permite brindar vías de expresión del enojo ciudadano sin que este pueda representar un verdadero riesgo para la continuidad del grupo que ostenta el poder. Por ejemplo, **durante la época priísta estaba permitido criticar, incluso ácidamente hasta a los secretarios del gabinete, pero la figura presidencial era intocable**, con el objetivo de que incluso ante un escándalo de corrupción o una notoria incompetencia, las personas dijeran: el presidente es bueno, pero su equipo lo traiciona.

La segunda consiste en que cuando sea necesario tomar una medida impopular, esta sea anunciada y verificada no por el presidente, sino por alguno de sus subalternos, que **asumen el papel de un pararrayos, protegiendo a sus superiores del enojo popular** y dándoles un potencial chivo expiatorio al cual sacrificar en caso de que el rechazo de los ciudadanos hacia la decisión tomada la vuelva insostenible.

La otra forma de distraer/compensar la atención respecto a las promesas incumplidas es por medio de grandes obras públicas, que demuestren de forma clara el trabajo del gobernante. Sin embargo, cuando no se planean bien, incluso estas pueden convertirse en dolores de cabeza para ciudadanos y gobiernos por igual, como le pasó a Felipe Calderón con la *Estela de Luz,* que inicialmente iba a ser el *Arco del Bicentenario* de la independencia y acabó pareciendo un monumento a las galletas *Suavicremas.* En Puebla, las obras del periférico se convirtieron en una piedra en el zapato para los gobernadores Manuel Bartlett y Melquiades Morales. En la ciudad de Saltillo tuvieron que demoler un distribuidor vial de 258 millones de pesos y menos de 3 años de funcionamiento, porque estaba por caerse.

El otro problema es de las obras que *no se hacen*, porque cuestan mucho y la gente no las ve.

Durante décadas muchas ciudades en México dejaron envejecer sus redes de agua potable y drenaje, con el consiguiente riesgo de inundaciones y desperdicio de agua, porque son obras que literalmente quedan bajo tierra, lo que las vuelve menos atractivas, pues **en política de la vista nace el amor**.

14

Decodificador, narración y agenda

López Obrador ganó la presidencia con el 53% de los votos en las elecciones del 2018. El presupuesto de egresos de la federación ronda los 5.5 billones de pesos. De acuerdo con las autoridades, en Veracruz la administración de Javier Duarte desvió hasta 61 mil millones de pesos. En octubre del 2019 el padrón del Partido Verde Ecologista de México era de 308,224 militantes. Estos son datos verídicos, pero por sí mismos no significan absolutamente nada. Si los escuchamos sin tener un contexto simplemente no podemos interpretarlos.

¿Cómo los interpretamos?

A través de una especie de **decodificador** que portamos en nuestra mente. Este decodificador **incluye tanto nuestros prejuicios y sesgos, como nuestros conocimientos, intereses, experiencias y expectativas**, que nos permiten contrastar las cifras con respecto a nuestras referencias internas y construir una historia alrededor de cada uno de los datos que leímos en el primer párrafo.

Por ejemplo, para alguien que no conozca los porcentajes con los que ganaron los candidatos presidenciales de 1988, 1994, 2000, 2006 y 2012, el 53% de Obrador no parecería gran cosa, apenas un poco más de la mitad de los votos. Por el contrario, quien sí esté enterado de esos datos sabrá que el 53% fue el nivel de apoyo más alto para un candidato presidencial en 36 años y comprenderá que es algo extraordinario, lo cual a su vez influirá en cualquier otro análisis que realice posteriormente respecto a López Obrador, su movimiento y su gobierno.

Es decir, **partiendo del mismo punto de partida, pueden llegar a conclusiones muy diferentes**, dependiendo de su punto de vista. Lo mismo aplica con todos los demás ejemplos.

Veámoslo gráficamente:

Ilustración 3. Elaboración propia.

Cada uno de los puntos representa uno de los datos a los que tenemos acceso respecto a un tema determinado. Ahora, el cómo conectemos (interpretemos) esos datos definirán la imagen que percibimos e influirá determinantemente en nuestro diagnóstico (opinión) del panorama que se nos presenta. Así, partiendo exactamente de los mismos hechos, dos personas pueden percibirlos como imágenes completamente distintas.

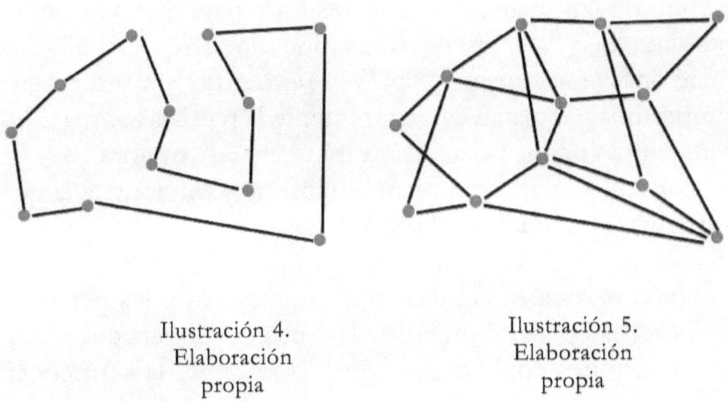

Ilustración 4.
Elaboración
propia

Ilustración 5.
Elaboración
propia

Es muy importante tener esto en cuenta a la hora de discutir con otras personas. Muchas veces partimos de la idea de que nuestra contraparte opina de manera distinta a nosotros porque está mal informada, de manera que centramos nuestros esfuerzos en aportarle nuevos datos.

Sin embargo, si donde la diferencia es en el *decodificador*, **el otro participante simplemente tomará nuestros datos y los integrará para fortalecer su interpretación inicial**, haciéndonos sentir frustrados y provocando que el diálogo incluso derive hacia el terreno de los insultos.

Ahora, aunque el decodificador de cada persona es distinto, **hay ciertos rasgos generales que comparten las personas dentro de un mismo grupo social.**

Por ejemplo, en la mayoría de los casos, el decodificador incluirá un sentido de orgullo por el propio país, además del respeto por los héroes y valores planteados en la mitología patriótica. Así, por ejemplo, si hablas acerca del "orgullo azteca" ante un público formado por mexicanos, al menos buena parte de ellos podrán visualizarlo y utilizar su imagen mental de los aztecas como insumo para decodificar el mensaje que les estás transmitiendo. En cambio, si mencionas ese mismo *orgullo azteca* ante un grupo de campesinos paquistaníes, seguramente la palabra *azteca* no les transmitirá nada y se centrarán en la palabra *orgullo,* asignándole una imagen mental quizá muy diferente a la que construyó el público mexicano.

También existen diferencias importantes entre las personas de derecha y de izquierda, las cuales de acuerdo con investigaciones publicadas por Nature,[119] la American Psychological Association[120] y Sage Journals,[121] podrían incluso tener explicaciones psicológicas y fisiológicas. Y, por supuesto, está el factor de los intereses. Las personas tienden a creer aquello que consideran que les conviene y por lo tanto nuestros decodificadores están ajustados de tal modo que proyectemos en nuestra mente una imagen que se adapte a lo que queremos, lo que da como resultado el sesgo de confirmación, del que hablamos brevemente en un capítulo previo.

Por lo tanto, **estamos preparados para identificar ciertos elementos como señales de una imagen determinada,** de forma que cuando esos elementos están presentes, automáticamente nuestra mente nos lleva a ese concepto. A ese fenómeno se le conoce como *pareidolia* y es lo que nos hace, por ejemplo, ver la cara de Elvis Presley en una rebanada de pan tostado.

Cuando un grupo político utiliza ciertos colores o imágenes, como la del sol azteca en el logotipo del Partido de la Revolución Democrática, está aprovechando ciertos códigos de nuestros decodificadores como mexicanos, apelando a la admiración por lo indígena y al sentimiento nacionalista. Si pusieran el mismo logotipo para un partido en Chipre, quizá el impacto de esa imagen sería completamente distinto. Pensemos por ejemplo en la cruz suástica: es un símbolo que se ha utilizado durante miles de años en todo el mundo, con muy distintos significados, pero de repente, tras el final de la Primera Guerra Mundial fue adoptada por el movimiento nacional-socialista, que la incluyó en la bandera de Alemania y lo utilizó para marchar por media Europa durante la Segunda Guerra Mundial.

En menos de 15 años los nazis habían sido completamente derrotados. Sin embargo, el impacto visual de esa cruz como símbolo de la ideología de Hitler fue tan profundo en nuestra cultura que si hoy en día nos topamos con una persona que lleve tatuada una suástica, de inmediato decodificaremos esa pieza de información para interpretar que quien porta el tatuaje es simpatizante de los nacional-socialistas. Ni siquiera nos pasará por la cabeza que la persona quizá lo lleva como símbolo budista o como simple señal de buena suerte.

Los líderes, grupos, partidos políticos y gobiernos **no pueden resignarse a que cada persona forme una historia para interpretarlos**. Ellos quieren influir en ese proceso, y la forma más lógica de hacerlo es construyendo una narrativa y ofreciéndosela al público, con la esperanza de que las personas la adopten como propia.

Básicamente, las narrativas bien hechas trabajan de manera similar a la película Inception, de Christopher Nolan: de lo que se trata es de plantar una historia en el cerebro de las personas y hacerlas creer que fueron ellas mismas quienes inventaron esa narración.

¿Por qué? Porque **el convencimiento a base de *fuerza bruta* no funciona**, por lo menos en cuanto a las elecciones. En 2018 un revelador análisis a partir de 49 estudios de campo reveló que *el mejor estimado de los efectos persuasorios del contacto y la publicidad de las campañas - incluyendo correos electrónicos, llamadas y visitas domiciliarias - es de cero,*[122] y parece suceder lo mismo con la publicidad en televisión e internet. Entonces no se trata de crear algo e imponerlo de manera directa, sino de aprovechar las creencias que ya tienen las personas, de forma que **no necesitan convencerlas, sino simplemente orientarlas hacia el voto por el candidato X como conclusión lógica de lo que desde antes habían creído.**

Hablando de películas, las películas funcionan justamente porque sus historias están diseñadas de tal forma que activen los decodificadores de las personas para ser interpretadas en una forma razonablemente similar a la esperada. Por ejemplo, para que en una cinta quede muy claro quién es el protagonista y quién en el villano,[iv] harán que este último cometa un acto claramente cruel, como el asesinato de los tíos de Luke Skywalker en la Guerra de las Galaxias, o la destrucción de la nave USS Kelvin por parte de la tripulación romulana en Viaje a la Estrellas (2009).

[iv] En la serie de televisión The Big Bang Theory hay un chiste sobre cómo el personaje de Sheldon Cooper considera como el héroe de Karate Kid a Johnny Lawrence y no a Daniel LaRusso, porque Cooper interpreta los acontecimientos de esa película desde una perspectiva distinta a la ordinaria.

También de forma similar a las películas, **las narrativas políticas deben ser entretenidas y cercanas, para que las personas se puedan sentir relacionadas**. Caplan cita un estudio realizado en Estados Unidos antes de las elecciones presidenciales de 1992:

> *89% del publico sabía que el vicepresidente Quayle tenía un conflicto con el personaje de televisión Murphy Brown, pero sólo el 19% podía identificar la trayectoria de Bill Clinton respecto al medio ambiente…86% del público sabía que el perro de la familia Bush se llamada Millie, mientras que apenas un 15% sabía que ambos candidatos presidenciales respaldaban la pena de muerte.[123]*

¿Qué forma asumen estas historias? Christopher Booker[124] identifica **siete tramas básicas**: la de conquistar al monstruo, la de pasar de la pobreza a la riqueza, la de la misión, la del viaje y el retorno, la de la comedia, la de la tragedia y la del renacimiento.[lvi]

Partiendo de esta perspectiva podemos identificar que en la narrativa de Donald Trump hay elementos de la trama de conquistar al monstruo, pero también de la de pobreza a la riqueza, pues, aunque técnicamente ello no sea tan exacto, Trump ha proyectado su imagen como la de un millonario que se hizo a sí mismo.

La narrativa de Obama incluía ciertos elementos de la trama de renacimiento, presentando el voto en su favor como una forma de que los Estados Unidos compensaran su historia de racismo. La de Lech Walesa en Polonia mezclaba elementos de la trama de misión con la de pobreza a riqueza,

---

[lvi] Otros autores identifican 69 o hasta 1,462.

aunque en este caso se trataba de una riqueza en términos de liderazgo más que de dinero.

Tras su primer escándalo por enviar fotos de desnudos no solicitados, el demócrata neoyorkino Anthony Weiner[lvii] intentó construir una trama de renacimiento, presentándose como un hombre nuevo y relanzando su carrera política, que colapsó de manera definitiva cuando nuevamente lo descubrieron distribuyendo pornografía propia a mujeres que no estaban interesadas en ella y acabó en la cárcel durante casi dos años.

El éxito de cada narrativa **dependerá de qué tan bien se construya el mensaje, qué tantas otras voces la respalden y – sobre todo – de qué tanto se adapte a los decodificadores del público**. Es decir, qué tanto le gustan esas creencias a las personas, pues ya en el siglo XIX Böhm-Bawerk explicaba que las personas *creerán con facilidad aquello que desean creer*.[125] Si, por ejemplo, las personas de un país tienden a desconfiar de los medios de comunicación, será más fácil que tenga éxito una historia de denuncia respecto a las *fake news*. A Trump le funciona denunciarlas porque el sesgo izquierdista de los grandes medios es un fenómeno muy conocido para los votantes republicanos, que recuerdan la manipulación de la prensa en contra de los candidatos de su partido, que se remonta al menos a los tiempos de Ronald Reagan.

Si un candidato no logra consolidar al menos una de estas tramas en su campaña política, normalmente es muy mala señal.

[lvii] Ya desde el nombre llevaba la condena, por lo visto.

En el 2018, ni José Antonio Meade ni Ricardo Anaya consiguieron que el público los considerara como protagonistas, de modo que quedaron **relegados al rol de meros antagonistas de López Obrador**, mientras que la elección se volvió un referéndum respecto a si ya le tocaba gobernar a Andrés Manuel, como explicamos en el capítulo doce.

Algo que comparte toda trama digna de atrapar la atención de los votantes es un elemento de conflicto, una dificultad que el héroe debe superar o ya ha superado. Se dice que en el cine una película es tan buena como su villano, y del mismo modo los políticos muchas veces buscarán elegir un villano que suene amenazante: el PRIAN, los imperialistas, la guerrilla, los ricos, los delincuentes, los banqueros, etcétera. Ese villano debe despertar el temor de las personas y motivarlas a reunirse alrededor de su líder para recibir protección y al mismo tiempo para ser ellas también parte de la heroica lucha.

En 2016 Hillary Clinton trató de centrar su lucha en la imagen de la valiente guerrera que enfrenta al poder del machismo para convertirse en la primera mujer presidente. Sin embargo, considerando su perfil de ex primera dama, blanca y millonaria resultaba muy difícil que los ciudadanos de a pie le creyeran ese papel. De hecho, **más bien parecía la caprichosa señora de sociedad que quería el cargo de presidenta de los Estados Unidos para añadirlo al muro de su vanidad**, y ese es un tipo de aventura que no emociona a nadie.

Por eso Hillary nunca logró en sus seguidores la pasión que sí mostraron los republicanos por Trump[lviii] y el foco rojo se debió haber encendido en su campaña por lo menos desde principios de septiembre. Efectivamente en ese momento encabezaba las encuestas, pero lanzó un libro (Stronger Together) con sus propuestas en pleno fragor de la campaña y apenas logró vender 3,000 copias en la semana de lanzamiento,[126] una señal de que ni siquiera sus simpatizantes más cercanos estaban lo suficientemente interesados como para leer lo que ella quería decirles. **Apoyar a Hillary no era una epopeya, sino un mero quehacer,** y por eso perdió, a pesar de que tenía prácticamente todos los demás factores a su favor, desde el apoyo de los medios hasta lo que parecía ser una errática campaña por parte de Donald Trump.

Esto nos lleva al último punto de este capítulo: **la agenda**.

Ninguna campaña o líder opera en el vacío, en cada momento hay una multitud de narrativas que están compitiendo por la atención y el involucramiento emocional de los integrantes del público. El conjunto de esas tramas conforma la agenda pública.

Hay que realizar un par de acotamientos:

El interés de los ciudadanos es un recurso limitado, así que sólo un puñado de temas lograrán verdaderamente captar su atención, especialmente durante un proceso electoral.

[lviii] Y los demócratas por Bernie Sanders durante las elecciones primarias, en las que eventualmente triunfó Hillary recurriendo a la fuerza bruta de la burocracia del partido.

Por eso es tan importante que los candidatos se diferencien y ofrezcan historias que sean entretenidas. El que aburra, pierde.

Ilustración 6. Elaboración propia

Ya que las personas no tienen interés ni tiempo de profundizar en política, **su visión del panorama será, por decirlo de algún modo, borroso**. Las personas perciben la sombra distorsionada de lo que dicen los medios de comunicación, que a su vez es una sombra distorsionada de lo que ocurre en la realidad.

El ciudadano de a pie **normalmente distinguirá los contornos y el sentido general de la imagen, pero poco más que eso**. Por eso es tan importante la labor de los medios de comunicación. Aunque casi nadie lea el periódico, muchas personas observan la primera plana cuando pasan frente al quiosco o ven el comentario lateral sobre política en el programa de espectáculos y las referencias que acumulan de este modo con el paso del tiempo pueden tener una enorme influencia en cómo opinan y asignan prioridades.

Por eso es tan relevante analizar qué tanto puede influir el notorio sesgo de los medios de comunicación en favor de políticas de izquierda. Algunos investigadores, como Stephens-Davidowitz explican que, en promedio, los lectores asiduos de periódicos tienden a tener ideas de izquierda,[127] así que los impresos optan por un sesgo izquierdista no sólo por sus sesgos individuales, sino para responder a las necesidades de su mercado. En la misma línea, Caplan señala que no hay realmente nada de qué preocuparse, ya que en todo caso los medios son meros catalizadores de fallas cognitivas preexistentes.

Sin embargo, las extensas investigaciones de organizaciones como Project Veritas, encabezado por James O'Keefe[128] revelan una estrategia sistemática de manipular la verdad para servir – principalmente – a objetivos ideológicos y políticos identificados con el Partido Demócrata. Julian Simon explica que esa manipulación mediática está detrás de la histeria medioambiental: *los medios publican historias sobre temores ambientales, las personas se asustan, las encuestas revelan su preocupación y esta es citada en respaldo de políticas que actúen para atender los supuestos temores, las que a su vez elevan el nivel de preocupación pública.*[129]

El tema medio ambiental ilustra muy bien cómo funciona el imponer agenda. …el hecho es que, particularmente en el mundo occidental, la calidad del aire de las ciudades es mejor ahora de lo que era hace 50 años, pues de acuerdo con datos de la Agencia de Protección Ambiental la cantidad de emisiones contaminantes al aire se redujo un 73% entre 1970 y 2017[130] mientras a nivel mundial tenemos hoy más árboles y zonas verdes de las que teníamos hace unos años.[131] De hecho, en los Estados Unidos el número de árboles actuales supera al de hace 100 años[132] y está en ruta para recuperarse a los niveles de los años 1600's, antes de las migraciones europeas a Norteamérica.

Sin embargo, y a pesar de que los datos como tales nos muestran un panorama preocupante, pero no necesariamente catastrófico, cada vez más personas parecen convencidas de que tierra y civilización están condenadas a colapsar en apenas 12 años, como lo afirmó a mediados del 2018 un informe de la Organización de las Naciones Unidas.[133] ¿Por qué? Porque a pesar de que esas profecías del desastre llevan planteándose – y fallando – al menos desde hace un siglo, son replicadas en forma acrítica por los medios de comunicación y respaldadas por grupos políticos que buscan colgarse de la supuesta crisis ambiental para impulsar políticas de corte socialista que de otro modo nunca serían aceptadas en países como los Estados Unidos, incluyendo restringir los vuelos en avión y el consumo de carne, para evitar los negativos efectos de las flatulencias de las vacas.[134]

Por eso los eventos de la activista Greta Thunberg, que aparentemente está entrenada[135] por Ingmar Rentzhog, empresario sueco experto en el sector de las "energías renovables", fueron replicados con una procesión de alabanzas por los medios de comunicación en todo el mundo, incluyendo México, donde **la declaración y las manifestaciones de Greta en Naciones Unidas fueron tema de primera plana en casi todos los diarios a pesar de que objetivamente hablando su relevancia noticiosa era casi inexistente** para nuestro país, ya que ni implicó acuerdos de política pública ni tuvo relevancia más allá de un acto de posicionamiento por parte de quienes están atrás de la joven.

¿Cuál es la idea? Que, como las personas sólo ven los borrosos contornos y las líneas generales de la agenda, nunca se enteraron de que el mensaje de Greta fue una mera proclama propagandística. Es más, **para fines de año seguramente casi nadie se acordará siquiera del nombre de la activista, pero lo que sí permanece en la memoria de los ciudadanos es que la crisis ambiental es un tema de absoluta prioridad**, porque siempre está saliendo en los medios de comunicación, y los activistas ecológicos son muy valientes, porque desafían a los poderosos, a pesar de que son esos mismos poderosos quienes en realidad financian y abren espacios, con buena o mala intención, a personajes como Greta Thunberg.

El funcionamiento de la agenda y el rango de atención de ciudadanos y autoridades abre entonces un espacio de oportunidad muy importante para los activistas, tanto de izquierda como derecha. Srdja Popovic, uno de los líderes de la rebelión cívica contra el dictador Milosevic en Serbia, recomienda que los activistas se concentren en temas que sean lo suficientemente irrelevantes como para no despertar el interés de las autoridades por aplastar a su movimiento, pero al mismo tiempo lo suficientemente atractivos como para hacer que las personas de a pie se interesen por ellos, **de manera que los grupos de ciudadanos organizados pueden ejercer una cierta presión, lograr concesiones de parte del gobierno y utilizarlas como muestra de su eficacia para ganarse el respeto de la sociedad** y poder dirigirse hacia objetivos cada vez más importantes.

Por otra parte, también implica un enorme riesgo de manipulación. Joseph Goebbels, uno de los más cercanos colaboradores de Adolf Hitler, dijo que: *si repites una mentira mil veces, esta se convertirá en realidad.*

Bueno, en realidad no, Goebbels jamás expresó tal cosa, pero la afirmación en sí es tan correcta que hoy en día prácticamente todos los que citan esa frase lo hacen con la absoluta convicción de que originalmente salió de los labios o la pluma del macabro ministro para la Ilustración Pública y Propaganda del régimen nazi.

Lo triste del caso es que el poder de la repetición para consolidar mentiras en nuestra mente (incluso aunque conscientemente sepamos que una afirmación es falsa) está respaldado no solo en la evidencia anecdótica, sino también en estudios científicos, particularmente un artículo académico publicado en el *Journal of Verbal Learning and Verbal Behavior*. Los autores hicieron un estudio con alumnos universitarios y llegaron a la conclusión que **tanto las afirmaciones falsas como las verdaderas elevan sus niveles de respaldo cuando son presentadas ante las personas una y otra vez,** ya que aparentemente *la frecuencia con que aparecen es un criterio usando para establecer la validez de referencia en afirmaciones plausibles.*[136]

Otro estudio[137] encontró que incluso **cuando a las personas les avisan que algo es mentira, estas tienden a considerarla como válida si se repite varias veces.** En castellano: si una mentira tiene un mínimo de lógica o se adapta a los prejuicios de las personas, y la repites constantemente, las personas tenderán a tomarla como cierta, pues – en especial cuando se trata de que las personas juzguen la validez de alguna afirmación con base en lo que tienen almacenado en la memoria, *algunas veces no recurren a su conocimiento, y en lugar de ello recurren a la fluidez* [el qué tan rápida o claramente procesamos el dato] *como una señal aproximada*[138] de su veracidad.

Finalmente, como señalábamos en el capítulo tercero al hablar respecto a la importancia de abrir los ojos y las puertas a la interacción y el aprendizaje dentro de la actividad política, lo que dice el "círculo rojo" no necesariamente corresponde a la realidad o a los sentimientos de la población en general, y que al enfocarse únicamente en las opiniones de la prensa y de los expertos, tanto el político como el analista se arriesgan a convertirse en los ciegos de la parábola, cayendo juntos en el barranco.

He aquí un ejemplo. Stephens-Davidowitz recuerda en uno de sus libros el caso del discurso de Barack Obama tras la masacre cometida por un par de asesinos en diciembre del 2015, en la que murieron 14 personas. Obama, cuyas cualidades como orador están más allá de cualquier debate, planteó un poderoso mensaje de tolerancia, que le ganó la aprobación de los expertos en la prensa, empezando por el New York Times. Sin embargo, abajo en el mundo real, los datos de Google revelan que inmediatamente después del discurso, las búsquedas respecto a musulmanes "terroristas", "malos", "violentos" y "malvados" aumentaron al doble, las búsquedas con palabras negativas respecto a los refugiados sirios aumentaron 60% y las que preguntaban cómo ayudar a dichos refugiados cayeron un 35%. Algo incluso más drástico: las búsquedas de "matar musulmanes" se triplicaron durante el discurso.[139]

Es decir.

*Obama aparentemente dijo las cosas correctas…los medios tradicionales lo felicitaron por sus palabras de sanación…pero el discurso fue contraproducente…en lugar de calmar a la turba…***Obama de hecho la enardeció.**[140]

TERCERA PARTE

¿QUÉ HACEMOS?

15

¿Es posible la perfección?

Habiendo revisado qué es la política y cómo funciona, se vuelve inevitable el preguntarnos si es que estamos condenados a que el ejercicio del poder político sea siempre ese complicado menjurje de ambiciones, traiciones, obsesiones y fracasos. **¿No sería posible *limpiar* la política y convertirla en una profesión donde sólo se haga bien?** ¿Es posible la perfección?

El economista Thomas Sowell tiene una perspectiva que me parece muy útil para responder a esta pregunta. Él explica que la diferencia definitiva no se encuentra a nivel de ideologías o de posturas coyunturales, sino que va mucho más a fondo: es una diferencia respecto a la **visión** misma que los participantes tienen respecto a la naturaleza humana y el margen de maniobra que esta les otorga a las instituciones sociales.

¿Qué es una visión? *Es un mapa que nos guía a través de una red de frustrantes complejidades...dejando de lado muchos aspectos concretos, para permitir que nos enfoquemos en algunas rutas clave hacia nuestros objetivos.* Es decir, es uno de los decodificadores que utilizamos, no solo para interpretar lo que está sucediendo a nuestro alrededor, sino también para iluminar ante nuestros ojos el camino que podemos seguir

Y Thomas nos señala dos grandes tipos de visión en cuanto a la lucha política.

- **La versión irrestricta** parte de la idea de que los seres humanos son plenamente maleables y por lo tanto un gobierno de personas justas y poderosas puede transformar no solo los incentivos institucionales, sino **incluso los mecanismos básicos de la acción humana**, para transformar el vicio en virtud, la arrogancia en humildad y el acaparamiento en generosidad.

- Por el contrario, la **visión restringida** considera que, aunque las personas puedan educarse y cambiar ciertos comportamientos para adaptarse a las necesidades de la convivencia en sociedad, **la naturaleza humana en sí es inalterable, y por lo tanto *la gente siempre será gente*,** con sus ambiciones, sesgos y conflictos. Es imposible alcanzar el cielo en la tierra y a lo más que pueden aspirar las autoridades es a construir sistemas e incentivos que orienten a las personas, sin alterar las raíces del comportamiento.

Sowell aclara que esta brecha va mucho más allá de una mera distinción entre izquierda y derecha, no se trata de las políticas públicas que queremos aplicar y ni siquiera del modelo de sociedad, sino de las capacidades que le asignamos a los legisladores y gobernantes que han de definir ese modelo.

Así, encontramos un claro ejemplo de la visión irrestricta en la agenda de cambios sociales en la Unión Soviética, pero también en el concepto de *Construcción de Naciones*, que llevó a los neoconservadores dentro del grupo de asesores del derechista George W. Bush a convencerlo de lanzar la desastrosa invasión de Irak en 2003.

Ni siquiera se trata de una división que podamos entender en el plano del interés individual, ya que un conflicto de visiones va más allá de un choque de intereses. *Cuando hay intereses en juego, las partes…usualmente entienden con claridad cuáles es el problema y qué es lo que individualmente pueden ganar o perder.*[141] Veámoslas más de cerca:

La visión irrestricta

Plantea que el legislador y el gobernante pueden alterar radicalmente el comportamiento de las personas y de las sociedades, orientándolas hacia el rumbo que ellos consideran mejor.

Está visión se fortaleció mucho durante la época del renacimiento, debido a la curiosidad literaria. La invención de la imprenta multiplicó la disponibilidad de los libros y los puso al alcance de los profesionistas de la época. Muchos de esos libros eran crónicas respecto a cómo era la vida en las sociedades antiguas y contaban cómo esas civilizaciones eran un ejemplo de virtud, lo que contrastaba en forma contundente con la violencia y el caos del siglo XVI, XVII o XVIII.

A los ojos modernos esas crónicas son poco más que idealizaciones o panfletos, pero en aquel tiempo eran considerados como la prueba incontrovertible de que las autoridades de la antigüedad habían logrado construir orden y felicidad para sus súbditos, por lo que lo único que se necesitaba era volver a intentarlo. Figuras como Solón y Licurgo, los legisladores de Atenas y Esparta, se convirtieron en constantes referencias que inspiraron a una nueva generación de intelectuales supuestamente *ilustrados* a planear cómo debería comportarse la sociedad.

Estos *grandes hombres,* víctimas de su propia arrogancia y de los todavía entonces desconocidos sesgos de la enseñanza clásica, decidieron *colocarse por encima de la humanidad, para arreglarla, organizarla y regularla de acuerdo a su capricho.*[142] Pretendieron entonces someter todo *al despotismo filantrópico de sus invenciones sociales y hacerla cargar dócilmente, de acuerdo a la expresión de Rousseau, el yugo de la felicidad pública, de acuerdo a sus propias imaginaciones.*[143]

Con esa certeza, Goodwin habla acerca de los hombres, *"en la forma en que pueden ser construidos en adelante"*,[144] bajo la instrucción de los miembros pensantes de la sociedad.[lix] Esos sabios serían los filósofos, en una tradición que viene desde la República de Platón y que en pluma de Voltaire se traduce en la garantía de que, *ya que los filósofos no tienen*

[lix] ¿Te acuerdas del *foquismo* del Che? Bueno, esta es su raíz ideológica.

ningún interés particular qué defender, sólo pueden hablar en favor de la razón y del interés público.[145] En el culmen de esa visión es el propio Juan Jacobo Rousseau quien proclama con delirante fanatismo que:

> *"Si es cierto que un gran príncipe es algo valioso ¿Qué tanto más lo será un gran legislador? El primero tiene solo que seguir el esquema que le ha propuesto el segundo. Así que es el legislador quien inventa la máquina y el príncipe el operario que la pone a funcionar"*[146]

Detrás de todas estas afirmaciones y muchas más que se han planteado y siguen acompañando el debate público, se esconde la idea de que los seres humanos nos dividimos en dos grandes bloques: el de los sabios, que guían; y el de los inertes súbditos, que son, *en el mejor de los casos una vegetación indiferente a su propio modo de existencia, susceptibles para recibir, de una mano y voluntad externa, un infinito número de formas, más o menos simétricas, artísticas y perfeccionadas,*[147] como meros objetos que ponen su felicidad y voluntad en las manos del filósofo, el legislador, el caudillo. Y obviamente, los intelectuales se asumen como parte del primer grupo, *cuya sublime misión consiste en reunir los materiales dispersos (es decir, las personas) en una sociedad,* pues desde su punto de vista *las relaciones entre la humanidad y el legislador parecen ser semejantes a las que existen entre el barro y el artesano.*[148]

El resultado práctico de estas divagaciones filosóficas fue primero el *despotismo ilustrado,* una mezcla de absolutismo oriental con pretensiones de intelectuales, cuyo autoritarismo generó las condiciones para que en un segundo momento los filósofos se lanzaran a destruir el poder establecido con la intención de construir una *república*, claro diseñada y controlada por ellos. Las consecuencias son historia.

El poder de los gobiernos respecto a las vidas cotidianas de sus súbditos creció exponencialmente a la sombra de **la revolución francesa, que bajo un disfraz de libertad impuso una visión totalitaria**, inspirada en intelectuales como el ya citado Juan Jacobo Rousseau, quien *condenó a todas las instituciones de su tiempo ...y propuso reemplazarlas con un gobierno de la administración en el orden social.*[149] Esto en términos prácticos implicaba la sumisión absoluta de todos los habitantes a la voluntad de *administración* -es decir, a la voluntad de los gobernantes. Las consecuencias iniciales fueron las de la sangrienta revolución francesa en el Siglo XVIII, luego las guerras napoleónicas en el siglo XIX y finalmente los totalitarismos -nazi, comunista y fascista- en el siglo XX. En buena medida Mussolini estaba encarnando la visión de Rousseau cuando el primero señaló en uno de sus más conocidos discursos: *Todo en el Estado, nada contra el Estado, nada fuera del Estado.*

Pareciera que ese peligro habría terminado con el contundente fracaso de los totalitarismos, pero **no es así, porque lo que está en juego es una visión, un encuadre que va más allá de los argumentos normales**, una perspectiva que es especialmente seductora para el intelectual, porque lo coloca en la cima, como el rey filósofo, que construirá un mundo mejor para todos, aunque para ello deba matar, imponer y manipular a los demás.

¿Qué entendemos por manipulación? Simple, son los actos que exitosamente influyen en las creencias y comportamientos de las personas al causar en el proceso mental una serie de cambios que sean ajenos a aquellos correspondientes al entendimiento.[150] Es decir, que alteran la ruta por medio de la cual arribamos a nuestras decisiones, con la intención de llevarnos a un sitio distinto de aquel a donde presumiblemente hubiéramos arribado sin dicha intervención. Todo ello, que serían crímenes para una persona normal, son decisiones normales para el *pensador*, pues las personas son simple barro en sus manos.

Por supuesto, los mecanismos que asume esta visión se vuelven más sofisticados con el paso del tiempo. La *inocente* arrogancia de los filósofos ilustrados. Murray Rothbard explica que *se proclama ahora que el gobierno del Estado es ultra científico, al constituir planificación por expertos*. Así el sacerdote o el destartalado filósofo cambia su disfraz por el del reluciente tecnócrata, pero conserva la idea de que los seres humanos son de plástico. y el mundo sigue girando.

Por ello, como señaló C.S. Lewis:

> *De todas las tiranías, la tiranía ejercida sinceramente por el bien de sus víctimas puede ser la más opresiva. Sería mejor vivir bajo barones ladrones* **que bajo entrometidos morales omnipotentes.** *A veces la crueldad del barón ladrón puede dormir, su codicia puede en algún momento ser saciada...pero* **los que nos atormentan por "nuestro propio bien" nos atormentarán sin fin** *porque lo hacen con la aprobación de su propia conciencia.*[151]

La visión restringida

Es quizá menos emocionante, porque **parte de la idea de que el margen de maniobra de líderes y legisladores es más reducido**, y debe ajustarse a la naturaleza humana.

Desde esta perspectiva, las personas no son meros peones o puños de tierra, que pueda moldear indiscriminadamente el gobierno. Por el contrario, cada ser individuo cuenta con derechos y cualidades que anteceden a cualquier organización gubernamental. *Existencia, facultades, asimilación o, en otras palabras: personalidad, libertad, propiedad – esto es el hombre.*[152]

Bajo esta visión, el desafío que enfrentan las sociedades no consiste en construir soluciones perfectas, sino el de distinguir y aprovechar las opciones disponibles. Sowell identifica la visión restringida en las palabras de Edmund Burke, cuando hablaba de *una radical debilidad en todos los artilugios humanos.*[153] Burke también admiraba la prudencia, como la principal de las virtudes, indispensable en la construcción de compromisos e intercambios.

Hamilton, de manera semejante, consideraba más como deseo que como perspectiva el creer que las personas eventualmente actuarían tomando en cuenta únicamente el bien público. Aquella supuesta virtud ciudadana, que los franceses intentaron convertir en realidad por medio de un genocidio, a los ojos de los fundadores de los Estados Unidos resultaba evidentemente inalcanzable. Por eso optaron por un sistema constitucional con un complejo sistema de contrapesos, de forma que *a nadie se le confiara completamente el poder.*[154]

Por supuesto, ello no significa que las personas renuncien a su anhelo de mejorar las condiciones en las que viven y colaboran, pero sí implica que aquellos a quienes se les confíe la tarea de plantear hojas de ruta para esas modificaciones tomen en cuenta los hábitos e ideas de las personas a quienes esas reformas aplicarán, *sin renunciar a reducir el mal, cuando no sea posible establecer lo correcto.*[155]

A diferencia de la visión irrestricta, que considera que los males del mundo son resultado de elecciones ignorantes o inmorales, que pueden resolverse por medio de mejores políticas sociales, **la visión restringida plantea que los males del mundo derivan de las limitadas opciones y las inherentes limitaciones morales e intelectuales** de los seres humanos.[156]

En la actualidad podemos encontrar ejemplos de la visión restringida en las propuesta de Richard Thaler y Cass Sunstein, que proponen tomar en cuenta la naturaleza humana para diseñar políticas públicas que en lugar de prohibir le den un "empujoncito" (*nudge*) a las personas en la dirección correcta de acuerdo al interés de la propia persona, en una perspectiva que definen como paternalismo libertario. También hay rasgos de esta visión en subyacentes en muchos de los partidos de derecha, pero también en programas sociales como el de Prospera/Oportunidades, que vinculaba la entrega de apoyos con la asistencia de las personas a citas médicas, por ejemplo, consciente de que de otro modo la desidia propia de las personas normales haría que las madres y padres esas familias no realizaran un seguimiento adecuado de la salud de ellos y sus hijos.

Del otro lado, encontramos la visión irrestricta en prácticamente cualquier política pública o planteamiento político que presuma que van a resolver un problema sin tomar en cuenta la naturaleza humana. Son particularmente notorias en el caso de la izquierda, particularmente en los sistemas de corte comunista, pero también pueden plantearse desde la derecha.

Por supuesto, vale aclarar que en la gran mayoría de los casos, los líderes, partidos y programas consistirán en una mezcla de elementos de ambas visiones, ya que es prácticamente imposible encontrarlas en estado puro.

¿Cómo distinguirlas entonces?

- **La visión irrestricta pretende soluciones absolutas**, centralmente definidas y que no están sujetas a debate.

- **La visión restringida opta por mejoras graduales, busca descentralizar la toma de decisiones y apuesta por la evaluación** de esas políticas, para verificar si es que efectivamente están brindando los resultados que se esperaban.

Asumir la visión restringida significa entender qué es imposible alcanzar la perfección, pues la política, como toda actividad humana, está sujeta a las limitaciones de las personas que participan en ella.

Si aspiramos a la utopía lo más probable es que terminemos atorados en la tiranía, o - al menos - decepcionados en la normalidad. Es mejor buscar que cada paso sea un mejor que el anterior, aunque sin olvidar el poder que tiene la idealización del futuro para consolidar el impacto de las narrativas, para bien y normalmente para mal.

16

¿Cómo influir?

Hemos visto ya qué es la política y cómo funciona. Ahora la pregunta obligada es **cómo podemos influir** en ella.

En primer término, es muy importante diluir el mito de que las redes sociales son el mecanismo para transformar radicalmente la agenda y que **basta un ratón y una laptop para hacer temblar al gobierno**. El hecho es que todas esas supuestas revoluciones en Twitter, desde la campaña de Barack Obama hasta las movilizaciones multitudinarias en Irán, en Egipto, en Siria, en Chile o Venezuela **sólo utilizan a las redes como una herramienta para mantener fresca la vinculación de redes que ya tenían construidas** y para darle un pretexto narrativamente atractivo a los apoyos que recibieron de antemano por parte de los grupos de poder.

En pocas palabras, lo que parece espontáneo no lo es.

Sacar a cientos de miles de personas a las calles, mantener un movimiento en marcha durante semanas o incluso meses, obtener millones de votos para ganar la presidencia, **no es algo que pueda conseguirse "gratis" con mera creatividad**. Esos aparentemente apolíticos "líderes estudiantiles" que adornan ese tipo de movimientos en realidad son preparados de antemano (o cooptados en las etapas iniciales de un movimiento) por grupos políticos, que los entrenan y que les abren las puertas de los medios de comunicación para volverlos relevantes.

Greta Thunberg logró llegar hasta las Naciones Unidas para hablar sobre el calentamiento global, porque desde el inicio tuvo el apoyo de expertos en relaciones públicas que pulieron su mensaje, la pusieron ante las cámaras y crearon la narrativa de que ella estaba encabezando un emocionante movimiento.

Muchas veces este tipo de trabajo no lo realizan los partidos, sino el avispero de tanques de pensamiento y fundaciones que se mueven alrededor de las capitales de los países, funcionando como avenidas para destinar dinero sin que esos recursos tengan que someterse a los niveles de fiscalización o las limitaciones típicamente impuestas al gasto de los partidos políticos, pues la quizá decepcionante realidad es que para tener un impacto relevante en la política nacional se necesita mucho dinero y muchos apoyos, e incluso cuando algún movimiento sí surge espontáneamente, sólo se desarrollará a gran escala cuando sea "adoptado" por un grupo de poder, un partido político o un mecenas con el dinero y los contactos para expandir el alcance más allá de las relaciones que pueden formar de manera personal los integrantes fundadores de ese movimiento.

A nivel local las cosas pueden ser un poco diferentes, en especial en ciudades pequeñas o medianas, donde las personas se conocen entre sí, un movimiento espontáneo puede prosperar sin necesidad de grandes inversiones de dinero, aunque normalmente tenderá a desvanecerse o a *partidizarse* en el mediano y largo plazo, ya que la atención de las personas respecto a un tema específico se evapora rápidamente, de forma que después de un par de meses sólo seguirán en un movimiento tres tipos de personas:

- **Las que están emocionalmente convencidas de la causa.**

- **Las que han encontrado en la causa una identidad, estatus y pretexto para socializar** (la clase de personas que vemos haciendo desfiguros en manifestaciones por el clima, los pesares del mundo o la preventa del nuevo Star Wars).

- **Las que han encontrado en la causa un beneficio económico o político racional.**

Con el paso del tiempo estas últimas tenderán a tener el mayor éxito, porque al no estar emocionalmente afectadas pueden tomar mejores decisiones y plantear estrategias más efectivas, mientras que las primeras dos permanecerán en todo caso como *infantería* del movimiento, anhelando los buenos tiempos cuando todos estaban convencidos de la causa.

Sin embargo, todo esto no equivale a decir que los ciudadanos de a pie estamos absolutamente indefensos. Las redes sociales y por supuesto el trabajo en tierra quizá no nos permita construir un movimiento de masas, pero **sí pueden darnos un cierto grado de influencia que podemos orientar para cambiar un poco el equilibrio de la**

balanza de quienes toman decisiones. He aquí cómo hacerlo:

Opinando con convicción

Lo dice la ciencia. Los seres humanos **tendemos a considerar como más respetables y aptos a quienes se presentan a sí mismos como más capaces**, incluso aunque los hechos no respalden el optimismo de estas personas.[157] Y luego nuestro sesgo de confirmación nos llevará a darle mayor peso a los datos que consoliden nuestra percepción inicial, mientras descartamos aquella información que la contradice.

Por otra parte, en especial cuando *hay confusión y complejidad, las personas se acercan automáticamente a la voz más fuerte y confiada.* ¿Por qué? Porque **a los humanos no nos gusta la incertidumbre**. Queremos eliminarla y resolver las dudas; por eso es que le damos "play" al enésimo capítulo de Stranger Things en Netflix, a pesar de que ya sean las 12 de la noche y mañana tengamos trabajo, y por eso es que también *nos atraen quienes ofrecen respuestas claras y simples, incluso aunque esas respuestas estén incompletas o sean equivocadas.*[158]

Traducida al castellano, la lección es la siguiente: **Si opinas en forma decidida, las personas poco a poco empezarán a pensar que tienes razón**. En eso estriba parte del éxito de los grupos radicales de defensa de los "derechos" de los animales. Hacen afirmaciones ridículas a los ojos de la gente normal, pero las hacen con tanta perseverancia y convicción que el resto de las personas empiezan a pensar: *"bueno, obviamente estos tipos están locos al decir que el tener* *mascotas es maltrato animal, pero quizá sí tienen razón en cuanto a que el maltrato animal es un problema*".

Eso en sí ya es un logro monumental, porque **para tener éxito no es indispensable convencer a los demás de todo nuestro argumento, basta con jalarlos un poquito hacia nuestro lado.**

En toda sociedad hay ciertas opiniones que son consideradas razonables, prudentes, populares, *aceptables*, y otras que son consideradas ridículas o incluso tóxicas. Este rango de opiniones *aceptables,* que los políticos profesionales pueden respaldar sin arriesgarse demasiado a caer en desgracia, **es conocido como la Ventana de Overton**[159] y varía dependiendo del país o las circunstancias. Por ejemplo, el canibalismo como instrumento de control astronómico para que vuelva surgir el sol es una opción absolutamente inaceptable en nuestros tiempos, pero durante el imperio Azteca fue considerada como una verdad evidente.

No imagines esta ventana como una de esas que se empotran en la pared y se mantienen estáticas. Por el contrario, más bien es como si estuviera montada sobre rieles que le permiten moverse hacia la izquierda o la derecha, convirtiendo las antiguas opiniones indignantes en posturas permitidas y eventualmente incluso populares.

Los grupos de activistas están colocados en una posición particularmente ventajosa para mover la ventana y triunfan con cada centímetro que la acercan hacia sus puntos de vista, y el **mejor ejemplo del arrastre de la Ventana de Overton en el último medio siglo es el del movimiento en defensa de los derechos de los homosexuales.**

En junio de 1969, cuando comenzaron los disturbios de Stonewall, que marcaron el inicio del movimiento LGBT, la homosexualidad era considerada como enfermedad mental y en prácticamente todos los estados de Estados Unidos se castigaba con multas y hasta con cárcel. En apenas 50 años pasó de ser una conducta profundamente estigmatizada a ser una opción legal, bien vista y corporativamente respaldada.

Los contingentes de partidos políticos y grandes empresas que participan en los desfiles del Orgullo alrededor del mundo eran impensables hace medio siglo; **hoy lo impensable es que decidieran no participar.**

Construyendo una narrativa interesante

Para construir un movimiento que se extienda durante el tiempo suficiente como para influir en la opinión general a tal grado que puedan mover la Ventana de Overton es necesario dotarlo de una narrativa interesante. Aquellos que se lanzan a la política en respuesta a un mero impulso por un tema de coyuntura y no logran traducirlo en una visión de largo plazo simplemente se evaporarán, más temprano que tarde, incluso sin haber resuelto ni siquiera el agravio que los llevó a manifestarse en primer lugar. ¿Por qué? Porque **la atención de los seres humanos es un recurso que se agota rápidamente.**

Si hoy te enteras de que van a demoler el parque que está frente a su casa para poner un centro comercial, quizá estarás muy molesto. Tal vez escribas una publicación en Facebook, una serie de encendidos tuits y hasta te unirás a una manifestación de vecinos. Sin embargo, si nadie toma ese grupo para dotarlo de una narrativa, **tú y tus vecinos esencialmente se aburrirán.**

La primera semana habrá 100 personas en la protesta, pero al siguiente domingo hubo partido de futbol, de modo que solo asistieron 50; un mes después quedan unas 5 personas, que ante la falta de convocatoria de su protesta mejor optan por irse a comer. 6 meses después, el centro comercial abre sus puertas y tú eres de los primeros clientes, sin acordarte de la apasionada indignación mientras buscas una buena oferta en la inauguración de las tiendas.

La gran mayoría de los movimientos comparten este destino, y de hecho los gobiernos suelen apostar por esa erosión del interés ciudadano a la hora de aprobar e impulsar proyectos impopulares. Siempre que la incomodidad generada a los ciudadanos no sea excesiva y que nadie entre a darle forma a la lucha de los manifestantes, estos se aburrirán antes de que su enojo pueda significar costos graves para empresas o autoridades.

Una narrativa bien hecha previene y atrasa ese aburrimiento, dotándole a los integrantes del movimiento de una explicación de los hechos en la cual ellos son los heroicos protagonistas de una lucha que es importante para el futuro de la comunidad, la patria o el mundo. Recordemos que hay siete tramas básicas, dentro de las cuales destacan la de la misión y la de enfrentar al monstruo, por lo que también requieren un villano verosímil y sentido de misterio.

Por eso **los activistas profesionales nunca celebran plenamente el logro de sus metas, que los dejaría sin razón de ser**, sino que enlazan cada victoria como un paso más hacia un objetivo idealizado que, como el arcoíris en el horizonte, se aleja de nosotros con cada metro que avanzamos.

Para construir estas narrativas necesitamos conocer las reglas básicas de las buenas historias y también **debemos entender qué es lo que realmente quieren las personas**, en lugar de sólo quedarnos con lo que dicen de cara a un encuestador o a un amigo con el que quieren quedar bien, porque a los seres humanos nos encanta mentir, en promedio al menos dos veces al día.

Un claro ejemplo es el de las *propuestas*. La mayoría de la gente dice que quieren candidatos y campañas centrados en las "propuestas", porque estas son lo más valioso, mientras que los ataques entre candidatos son hostiles y desagradables. Esos ciudadanos pueden incluso creer en su afirmación mientras se la expresan al encuestador, pero **en realidad están mintiendo**.

El hecho es que las "propuestas" de los candidatos[lx] son mortalmente aburridas. Un planteamiento de política pública es tan técnico y abigarrado que normalmente los únicos capaces, ya no digamos de disfrutarlo, sino siquiera de leerlo, son los que lo escribieron. Por eso es que incluso las plataformas electorales muchas veces ya ni siquiera contienen propuestas reales, sino simples buenos deseos o generalizaciones, al estilo de "lucha contra la pobreza", "combate a la inseguridad", que son más digeribles para explicárselos en primer lugar al candidato y en segundo lugar al público – a través de la propaganda electoral.

[lx] Además de que en países como México son tan parecidas que resulta difícil distinguir las de los diversos partidos. En varios procesos electorales he hecho el ejercicio, tanto con alumnos como con amigos, de plantearles elementos de las plataformas electorales y pedirles que los asignen al partido correcto. El nivel de aciertos es muy bajo, no por culpa de quienes participan en el ejercicio, sino porque realmente las plataformas son en muchos casos tan similares que se vuelven irrelevantes.

Aun así, descafeinadas y simplificadas, **las propuestas siguen matando de aburrimiento a los ciudadanos,** y cuando un candidato se cree la patraña de que hay que centrar el mensaje en las propuestas, acaba pagando por su ingenuidad con votos perdidos, porque la gente no vota por propuestas, sino por narrativas que están ancladas en un personaje.[lxi] **Relato mata dato.**

Dándole vida a un ecosistema

Explicábamos que nuestra narrativa no será la única rodando en el escenario. Hay tantas como grupos de poder y temas de interés pululan en el horizonte. Por lo tanto, para lograr que se consolide en la mente de las personas a quienes pretendemos convencer **es necesario que se destaque de entre las demás.**

Por supuesto, la primera forma de lograrlo es a través de formas creativas de manifestarse,[lxii] pero incluso la más innovadora de estas acciones estará limitada al alcance directo de los integrantes del grupo. Para *dar el salto* es necesario contar con instituciones y personas que repliquen nuestro mensaje y lo doten de credibilidad, además de hacerlo verse como algo que está de moda, que brinda estatus.

Ahí entra el ecosistema: un conjunto de líderes de opinión, medios de comunicación, autoridades gubernamentales y académicas que respaldan a movimientos determinados y

---

[lxi] En el sentido más antiguo de la palabra, como en el teatro etrusco, una máscara a partir de la cual el actor proyecta y el público atribuye una serie de valores, conductas y ambiciones.

[lxii] Para mayor referencia en este punto es muy recomendable el libro Blueprint for Revolution, de Srđa Popović.

convierten a los líderes de esos grupos de presión en superestrellas.

Particularmente a partir de Gramsci, que movió el enfoque de los socialistas de su tiempo desde el materialismo de Marx hacia la importancia de las ideas como instrumento en la lucha política, la izquierda entendió muy bien este concepto y en unas cuantas décadas se hizo con el control prácticamente absoluto del mundo de la cultura y la educación occidental.

La prevalencia de personas de *izquierda* en los altos niveles de la industria editorial y de las autoridades gubernamentales encargadas de los apoyos a la cultura, les permite a sus *intelectuales* entregar premios, ofrecerse puestos en las universidades, publicarse, asignar financiamiento y alabarse entre sí, lo que a su vez les brinda un mayor nivel de credibilidad de cara al resto de la sociedad.

En cada país hay multitud de ejemplos, pero, en aras de evitar que al mencionar un nombre nos distraigamos del centro de la explicación, pensemos en Fulano Sutanez, escritor mediocre y convencido anticapitalista.

No le gusta el trabajo, no le agrada mucho estudiar y no es particularmente brillante, pero tiene la capacidad necesaria como para hilar un par de ideas en papel reciclando los talking points de la internacional socialista o de Moscú.

En medio de las marchas conoce a alguien que está en el comité de un concurso literario, así que inscribe su obra y recibe el premio de novela, que a su vez le permite salir en el periódico y ser contactado por otro amigo que trabaja en una editorial, el cual le publica su siguiente libro y le arma una campaña publicitaria que incluye recomendaciones de otras dos o tres vacas sagradas del mundo intelectual, además de algunos reportajes donde se califica a sus textos como revolucionarios, transgresores, cool.

Al crearle esta narrativa de ser al mismo tiempo escandaloso y aceptado, el señor Sutanez se vuelve el autor de cabecera de los jóvenes pretenciosos que quieren parecer cultos, y estos a su vez, cuando llegan a puestos en el gobierno o los medios de comunicación, lo siguen promoviendo, lo mencionan en revistas y lo entrevistan en la tele, reforzando así su aura de relevancia y alimentando el ciclo. En una de esas, don Sutanez acaba hasta ganando el Nobel y teniendo una película biográfica en cines.

El sesgo de Hollywood y de la gran prensa en favor de la izquierda está bastante documentado,[lxiii] y tiene efectos muy claros en la cobertura de las campañas y de los gobiernos. En 2008, los comediantes de los programas nocturnos de los Estados Unidos hicieron 1,224 chistes sobre los candidatos republicanos (McCain a presidente y Palin a vicepresidente), contra apenas 330 respecto a los demócratas (Obama a presidente y Biden a vicepresidente),[160] y de esos últimos, buena parte fueron alabanzas apenas disfrazadas como comentarios graciosos. 10 años después, Trump ha enfrentado durante los tres años que van de su gobierno niveles de cobertura negativa del 90%,[161] que simplemente no tienen precedente o comparación.

[lxiii] *American Pravda*, de James O'Keefe, el líder de Project Veritas y *Primetime Propaganda: The True Hollywood Story of How the Left Took Over Your TV*, de Ben Shapiro, demuestran dicho sesgo en base a las declaraciones de los propios protagonistas de los medios de comunicación.

Mientras tanto específicamente en lo que corresponde a la educación superior, un contundente estudio de Mitchell Langbert señala que mientras que en 1984 el 39% de los profesores estadounidenses se consideraban como de izquierda, es porcentaje aumentó a casi el doble (79%) en 1999, y en los departamentos de artes liberales (ciencias sociales, humanidades y estudios interdisciplinarios, etc.) el desequilibrio alcanza niveles absurdos. Por ejemplo, en las 4 universidades mejor rankeadas en este ámbito, hay un total de 490 profesores afiliados al partido demócrata, contra apenas 5 registrados como republicanos.[162]

En la derecha uno de los pocos que entendió la importancia de este tema fue el ya fallecido Andrew Breitbart, aunque también debemos reconocer el éxito del ecosistema republicano en la radio hablada, empezando por Rush Limbaugh y siguiendo con figuras como Glenn Beck o Mark Levin, pero con todo y sus amplias audiencias son apenas islas en medio del mar.

El ecosistema no necesariamente tiene que ser agresivo en su promoción de la narrativa. De hecho, su fortaleza estriba justamente en la diversidad de sus tácticas. Habrá quienes defiendan agitadamente un argumento, y habrá otros que lo expresen en forma sutil o incluso que lo integren en otros medios de difusión, quizá como parte de la trama de una serie.

Regresemos al éxito del movimiento por los derechos de los homosexuales. El ecosistema que construyeron incluye tanto las marchas del Orgullo, que son una forma de propaganda bastante *agresiva* - por decirlo de algún modo – como la serie de televisión Will & Grace o el programa de Ellen DeGeneres, que en forma menos intensa les proyectaron a los ciudadanos una visión de los hombres y mujeres gay como personas básicamente normales y decentes.

Ciertamente Will & Grace no hubiera podido salir al aire y Ellen no habría podido publicar su atracción hacia las mujeres, de no haber sido por el trabajo en tierra y el activismo de los manifestantes, pero también es cierto que esos activistas no habrían conseguido la contundente victoria cultural que alcanzaron en apenas 5 décadas, sin el tono ligero y cómico que le aportaron estas figuras de la televisión al debate nacional sobre los temas LGBT. Esto es fundamental, **si algo se torna demasiado serio, se vuelve aburrido; si se convierte en pura comedia, se vuelve irrelevante y hasta molesto**. Mantener el equilibrio entre esos extremos es uno de los desafíos más importantes a la hora de construir una narrativa en el tiempo.

¿Qué pasa si no se cuida ese equilibrio? Pregúntale al expresidente ecuatoriano Abdalá "el loco" Bucaram, destituido en febrero de 1997, apenas un semestre después de tomar protesta, bajo el pretexto de incapacidad mental, ya que los opositores utilizaron en su contra el mismo concepto de locura que el equipo de Bucaram había empleado durante su campaña presidencial del año anterior, autonombrándose "el loco que ama".

Participando con madurez – y realismo

Decía Manuel Gómez Morín, fundador del Partido Acción Nacional, en México, *"que no haya ilusos, para que no haya desilusionados"*. Y tenía toda la lógica del mundo, el PAN empezaba a fraguar su camino en un país sometido a una dictadura de partido a cargo del PRI, cuyos gobiernos apenas y se interesaban por cuidar el mínimo de las apariencias democráticas, pero no estaban dispuestos a ceder el poder pues, como señaló con cándido cinismo Fidel Velázquez, líder del principal sindicato oficialista: "*A balazos llegamos y sólo a balazos nos iremos*".

Eventualmente se fueron sin necesidad de balazos, pero tuvieron que pasar 61 años desde su formación, para que el PAN llegara a la Presidencia de la República, y es imposible perseverar tanto tiempo sin ilusiones. Al final del día muchos panistas no lograron obedecer el consejo de Gómez Morín y pusieron sobre los hombros del presidente Vicente Fox el peso de unas ilusiones de cambio de sistema que en retrospectiva eran imposibles de cumplir. Eran las esperanzas que se habían acumulado durante seis décadas, concentradas en la visión de un país democrático y un presidente del partido, que supuestamente resolvería todos los problemas de México. No sucedió así.

Manejar esas ilusiones es muy importante para el éxito de los movimientos políticos en el mediano y largo plazo. Morín se equivocaba al pedir que no hubiera ilusos, pues sólo a través de las ilusiones es que los seres humanos podemos hacer fuerzas de flaqueza y dedicar tiempo, dinero y riesgo a una labor política que en términos reales no prometía ninguna recompensa próxima.

Incluso en escenarios que sí sean democráticos, **la ilusión es importante para perseverar, pero también implica el riesgo de que se torne en amarga decepción**, en especial cuando caemos en la tentación de esperar que, una vez electos, los políticos logren proezas que son jurídica o humanamente imposibles.

Necesitamos participar con madurez, y con realismo, entendiendo que normalmente no podremos elegir entre la realidad actual y nuestra opción ideal, sino entre una realidad desagradable y un menú de opciones que quizá en el mejor de los casos lleguen a ser un poco más satisfactorias.

La actividad política es, citando nuevamente a Gómez Morín, una brega de eternidades, que no concluye ni siquiera con nuestro acceso al poder. **Es una interacción que seguirá en marcha mientras la sociedad exista,** asemejándose muchas veces a Penélope, que desteje en la noche lo que tejió en el día. Sin un punto final, mientras siga habiendo gente.

17

¿Seamos todos políticos?

Las campañas electorales nos invitan a votar, la legislación de países como Australia, Brasil o Argentina contempla el obligar a sus ciudadanos a que emitan su voto, y en prácticamente todas las democracias modernas se promueve el paradigma de que un pueblo políticamente activo es la clave para que las naciones prosperen. **Yo tengo mis dudas**.

Observando los porcentajes de abstencionismo que citamos anteriormente, me resulta imposible marcar una relación directa entre los niveles de votación y el desarrollo de los países. De hecho, varios de los países con mayores niveles de participación en las jornadas electorales son dictaduras abiertas, en las que el sufragio es empleado como mecanismo para verificar que sus súbditos sigan viviendo en el lugar que se les asignó[163] o un mero ritual para refrendar el apoyo al único partido que puede operar.

Más aun, una sociedad altamente politizada se convertirá naturalmente en una sociedad polarizada, en la que cada decisión se convierte en un potencial campo de batalla en la lucha por el poder. Pensemos en Venezuela, con prácticamente una elección al año[lxiv] desde la llegada del chavismo y con decenas de partidos políticos. El constante conflicto que acarrean las campañas ha dividido a la sociedad y ha generado brechas de desconfianza que quizá tarden generaciones enteras para cerrarse, mientras que abona a la incertidumbre y al limbo social que deja a las personas esperando la siguiente elección. Ciertamente no es un ejemplo de lo que cualquiera de nosotros quisiéramos para nuestro país.

En un sentido amplio todos somos políticos, en cuanto a que todos estamos involucrados de uno u otro modo en una dinámica de lucha por el poder, pero una vez que reducimos el enfoque de la definición a lo que pudiéramos entender como políticos partidistas o *profesionales*, se vuelven evidentes las ventajas de una sociedad que no esté sometida al estrés de esos conflictos, pues la prosperidad se construye con trabajo que genera valor en un entorno de certidumbre, y si ponemos a todos a leer el periódico y analizar a fondo las políticas públicas, no quedará gente con tiempo para producir y generar riqueza.

El ideal debería ser que un porcentaje relativamente pequeño de la población se dedique de lleno a las luchas políticas y **que para la mayoría los partidos sean una referencia que escuchan cada tres años y no una presencia constante de conflictos,** de tal manera que el empresario y el

---

[lxiv] Incluyendo referéndums.

trabajador tengan la certeza de que – gane quien gane – las reglas básicas del juego seguirán siendo las mismas y sus derechos seguirán estando protegidos. Un país en el que todos sus políticos cumplan con ese estándar mínimo quizá no genere muchas pasiones en campaña, pero será más próspero en el largo plazo.

Por el contrario, **cuando las naciones se enfrentan en cada elección a la perspectiva de un posible cambio radical, se vuelve más costoso planear a largo plazo**, se dificulta invertir en actividades de alto valor agregado y las personas asumen una mentalidad cortoplacista, construida alrededor del calendario electoral y no de las necesidades del mercado. Eso se traduce en falta de competitividad, en la pérdida de oportunidades, en desempleo y frustración, que a su vez alimenta un ciclo de indignación política, fortaleciendo a los líderes sin el menor escrúpulo que explotan - y vuelven eterno – el sentimiento de agravio que flota en la sociedad.

Esto no significa que las personas sean ignorantes. Es importante que entiendan los elementos básicos de cómo funciona el gobierno, de cómo opera una política pública y de las limitaciones en términos de información y de presupuesto, para que no exijan imposibles, además de que tengan acceso a cuentas transparentes del uso de los recursos públicos, incluso aunque sólo las revisen muy de vez en cuando y más que nada por curiosidad.

Querer que todos seamos políticos es tan necio como querer que todos seamos mecánicos. Lo mejor es dejar que los expertos trabajen, pero – eso sí – teniendo nosotros el suficiente conocimiento como para no dejar que nos vean la cara diciéndonos que necesitan gastar $30,000 pesos en un cambio de bujías que en realidad cuestan $300 pesos.

H. L. Mencken explicaba que **un demagogo es aquel que** *le dice cosas que sabe que son falsas, a personas que sabe que son idiotas,* mientras que el *demaesclavo es el que escucha lo que dicen los idiotas y luego pretende que él también lo cree.*[164] Entonces, no hay que ser idiotas.

¿Cómo ser inteligentes al analizar y participar en política? Viendo la política como es y no como quisiéramos que fuera, además de ser conscientes de nuestros prejuicios y entender el costo de oportunidad que implicará cualquier decisión que le exijamos tomar al gobierno.

Al mismo tiempo, nos volvemos más inteligentes políticamente cuando nos educamos a nosotros mismos para distinguir el verso de los hechos, para priorizar los resultados y a partir de ahí exigirle a los partidos que nos ofrezcan mejores opciones, además de proteger los derechos defensivos, es decir: los derechos que tenemos a que los demás no agredan nuestra vida, libertad y propiedad.

Pero, sobre todo, desmitificándola, entendiendo que - al final del día - el político profesional se asemeja más al plomero o el contador que a la Madre Teresa de Calcuta. Es una persona que realiza una actividad que genera valor a los ojos de quienes lo respaldan y espera recibir un salario por ello para alcanzar un buen nivel de vida para él o ella y para su familia. **Si retiramos el muchas veces engañoso manto del** *apostolado cívico* **lo que nos quedará será una relación más madura entre el ciudadano que vota y el político que cobra su sueldo a partir de los impuestos** que pagó el ciudadano.

Y, por último, no pongamos nuestra fé exclusivamente en la lucha partidista por el poder. Es cierto que hay ocasiones donde elegir a un mal presidente puede tener consecuencias desastrosas, pero no todas las campañas son la presidencial de Venezuela en 1998. En la mayoría de los casos, las diferencias entre los candidatos son más de forma que de fondo. Casi siempre, es posible alcanzar al menos una cierta clase de acuerdos que preserven el estatus quo, incluso cuando arriban al poder personas que son mucho menos que recomendables.

¿Por qué? Porque **en términos generales a los seres humanos no nos gusta percibirnos a nosotros mismos como los tiranos**, y en igualdad de circunstancias las personas preferirán abrumadoramente el acuerdo a la imposición. Recurriendo nuevamente a Scruton:

> *Incluso bajo gobiernos despóticos las personas tratan de resolver sus controversias por medio del acuerdo, manteniendo sus promesas, negociando e imponiendo penalidades a los que incumplen...es natural para los seres humanos, cualesquiera sean sus circunstancias políticas, el establecer sus relaciones por consenso y respetar la soberanía del individuo como un medio para lograrlo.*[165]

Epílogo – Una forma de maldad

Iniciamos el viaje de este libro citando a Mario Vargas Llosa respecto a que "la política es una forma de maldad humana". Sin embargo, en pleno honor a la verdad creo que vale la pena que ahora volteemos la mirada hacia el resto de su declaración: *"La política es una forma de maldad humana. Pero **también, en algunos casos, política significa generosidad, idealismo, solidaridad**... La visión de la política tampoco debe ser completamente negativa. Sería un gran cinismo."*[166]

Al final del día, **los políticos profesionales no son marcianos. Son seres humanos,** con toda la complejidad, los ideales y las ambiciones que todos llevamos en nuestra alforja. La lucha por el poder no necesariamente es un campo de batalla chapoteado en sangre y en traiciones. También, como todo empeño compartido, **tiene momentos de lealtad, de prudencia en el combate, de humildad en la derrota y de generosidad en la victoria.**

Sí, es cierto que las campañas pueden ser rudas y que la mayoría de los votantes no tiene mucha idea de lo que está haciendo cuando acude a depositar su boleta en la urna electoral. Alguna vez un simpatizante le dijo al gobernador de Illinois *"Gobernador Stevenson, todas las personas pensantes lo apoyan"* y Adlai Stevenson respondió *"eso no es suficiente, necesito una mayoría"*.[167]

Sin embargo, también es cierto que, contrario a las perspectivas más pesimistas, **las personas no eligen por puro egoísmo**. El nivel de ingresos está poco relacionado con la identidad partidista. Por ejemplo, las personas de mayor edad muestran en todo caso niveles de apoyo ligeramente inferiores a los del resto de la población en cuanto a políticas públicas como la Seguridad Social y el Medicare, que los benefician en forma más evidente que a los demás votantes.[168]

En forma semejante, vale la pena desafiar el prejuicio en el sentido de que toda la lucha política y toda la labor de los políticos tiene resultados nefastos sobre la sociedad.

No podemos negar que hay algunas manzanas bastante podridas, y muchas otras que apenas llegan a mediocres, por eso en uno de sus artículos para el Ilustrated London News,[169] Chesterton explicaba que el mundo moderno se había dividido entre conservadores y progresistas. El problema es que los progresistas se encargaban de cometer errores, y los conservadores se dedicaban a impedir que esos errores fueran corregidos.

Pero, al mismo tiempo el desarrollo de las sociedades humanas durante los últimos siglos ha sido tan extraordinario y tan abrumadoramente positivo que **es**

absurdo negarlo y es casi tan absurdo *escamotearle* a los políticos profesionales una parte del mérito. Pensemos en Estados Unidos: en 1800 era necesario que el 95% de las personas que trabajaban se dedicaran al ramo de los alimentos. En 1900 era necesario que trabajaran en este sector un 40% de los empleados. Hoy es sólo el 3%.[170] Ello implicó la liberación de millones de personas que pudieron migrar hacia el sector de los servicios, hacia otras industrias donde podían agregar mayor valor, diversificando la economía con nuevas opciones de productos y con categorías enteras que hace unas décadas eran inimaginables.

La mayor parte de ese mérito está en los innovadores, los directivos y los trabajadores de esas nuevas empresas, pero otra parte le corresponde a quienes diseñaron y ejecutan un sistema de leyes e instituciones que, a pesar de una infinidad de defectos o *áreas de oportunidad* cumple razonablemente bien con el objetivo de brindar certeza a quienes suscriben un contrato, a quienes requieren de un estándar para sus productos de una identidad para asumir y de un sistema de seguridad al que acudir. Además, especialmente en los países occidentales, vamos ya casi para setenta y cinco años sin guerra, algo verdaderamente extraordinario en la historia humana, y que en buena medida es resultado de la prudencia de los políticos y la pericia de los técnicos en materia de relaciones exteriores.

Entonces **¿por qué todo está hoy peor que nunca?**

La respuesta es muy sencilla.

No es cierto.

Las cosas no están peor que nunca, están mejor que nunca y por eso es que hay millones de personas con el tiempo de ocio suficiente como para buscar nuevas causas de *injusticia social*, que nadie hubiera tomado en serio hace unos años, porque hace un par de siglos todos estábamos demasiado ocupados buscando que comer y muriéndonos de hambre si no lo encontrábamos.

Caplan lo define con mucha claridad: *cuando los problemas – desde el maltrato hacia las mujeres, hasta el analfabetismo y la pobreza – son graves, las personas los toman como parte de la vida. Conforme las condiciones mejoran, el público* [se da cuenta de que esas condiciones son un problema y no un contexto inmutable, por lo que] *cree con cada vez mayor convicción que las cosas nunca han estado peor.*[171]

Nuestros sistemas jurídico y político tienen mucho qué mejorar. Algunos, como yo, pensamos que es necesario orientarlos hacia mayores condiciones de libertad y de colaboración voluntaria, pero ello no implica pasarnos al otro extremo y negar de plano el hecho de que, con todos sus errores y horrores, la política partidista es parte del entramado institucional que ha hecho posible el mayor desarrollo en la historia humana, y que **hay mucho más que podemos hacer utilizando medios pacíficos e institucionales en el marco de la lucha política, simplemente entendiendo en qué consiste y aprendiendo a participar en ella de la forma adecuada,** para tener más éxito en la lucha por el poder, ese poder cuya naturaleza es subjetiva e incluso paradójica: Una persona cuya fuerza física apenas le alcanza para caminar, puede tener en sus manos el destino de una ciudad entera o incluso de un país y tomar decisiones en base a su percepción, sin tener nunca la plena garantía de que esa percepción de hecho es correcta,[lxiv] mientras enfrenta las tentaciones de la corrupción y – escondido en un rincón de su mente - el permanente sentimiento de que ese poder es un espejismo que puede desvanecerse.

Hablando de corrupción

¿La política es sólo para personas corruptas?

No, aunque es evidente que los políticos profesionales están sometidos a mayores presiones para corromperse que las que enfrenta el oficinista promedio. Muchos caen en esa tentación, racionalizándola de distintos modos, inventando uno y mil pretextos, hasta que amanecen un día cualquiera ya completamente inmersos en una dinámica de actos ilegales e inmorales. Otros quizá entran desde el inicio con malas intenciones, pero el hecho es que, citando una vez más a Scott Adams, nadie se convierte en Hitler cuando llega a los setenta años de edad,[172] es un proceso mucho más largo, de forma que **los grupos políticos pueden prevenir el asenso de muchos tiranos simplemente aplicando las tácticas de detección de empleados tóxicos que ya se utilizan en la iniciativa privada,** incluyendo evaluaciones de 360 grados, desarrollo de culturas abiertas, procesos objetivos de contratación y promociones, etcétera.

¿Cómo contener el poder y reducir el riesgo de corrupción? Descentralizando el poder, y ello inicia tomando la responsabilidad de nuestras propias decisiones, en lugar de asignárselas al gurú o al jefe de

---

[lxiv] La película Diplomacia (2014) sobre la orden de Hitler para destruir la ciudad de Paris en caso de que el ejército alemán tuviera que abandonar la capital francesa es una excelente ventana a esos espejismos y matices del poder político.

partido. Como escribió hace más de siglo y medio John Stuart Mill, facultades humanas fundamentales para nuestra propia existencia, incluyendo la percepción, el juicio y la actividad mental, *sólo se ejercitan cuando elegimos. Los poderes mental y moral, al igual que los músculos, solo se desarrollan cuando se utilizan.*[173]

En este mismo rumbo la mejor explicación que he encontrado respecto a tomar la propiedad de lo que decidimos no la encontré en un tratado de política, sino en la pluma de William Monahan y Ridley Scott, que ponen en labios del personaje del Rey Balduino IV de Jerusalén las siguientes líneas:

> *Ninguno de nosotros conocemos cuál será nuestro fin o qué mano nos guiará hacia allá. Un rey puede mover a un hombre, un padre puede reclamar un hijo. Ese hombre también puede moverse a sí mismo, y solo entonces el hombre realmente comienza su propio juego. Recuerda que sin importar quién y cómo te ponga en juego, **tu alma es responsabilidad exclusivamente tuya. Incluso cuando aquellos que dicen ponerte en juego sean reyes o personas poderosas.** Cuando estés ante Dios, no puedes decir "es que los demás me dijeron que hiciera eso" o que "la virtud no era conveniente en ese momento". **Eso no bastará, recuérdalo.**[174]*

La política no se convierte en una forma de maldad de la mano de un villano de cliché, que se despierta pensando en hacer maldades, sino a través de la sutil indolencia de miles de personas inicialmente decentes, que optan por renunciar a lo que saben que es correcto a cambio de la esperanza de ganar el poder para hacer *un bien incluso mayor* una vez que lo obtengan.

En casos especialmente graves, como el de la Alemania nazi, el resultado es que las peores carnicerías no las cometen los psicópatas, sino los burócratas, como lo descubrió Hannah Arendt cuando analizó las declaraciones el juicio contra el criminal de guerra Adolf Eichmann y comprendió que aquel personaje no tenía *un odio demencial hacia los judíos, ni un fanatismo antisemita.*[175] Él personalmente nunca tuvo nada contra el pueblo de Israel, pero participó en el holocausto simplemente porque lo veía como su trabajo y porque se definía a sí mismo a partir de los grupos a los que se integraba, **más que un monstruo era un payaso...capaz de hacer cosas monstruosas.**

En circunstancias más *normales*, esos burócratas quizá no sean parte de un genocidio a escala apocalíptica, pero sí se vuelven parte y motor de redes de corrupción o demagogia que, si no se mantienen a raya, **pueden terminar envenenando a un país entero**, como le ha sucedido a Argentina con el peronismo, que mantiene a esa nación muy lejos de los niveles de desarrollo que logró alcanzar antes de que surgiera la figura de Juan Domingo Perón.

No todos podemos ser políticos, pero **sí debemos estar enterados de lo que está pasando en política** y – llegado el momento – debemos estar **dispuestos a participar**, para exigirle responsabilidad a los burócratas, para exhibir a los demagogos, para **respaldar las opciones más decentes que existan dentro del menú democrático, o crear una nueva** si es que ninguna de las actuales se ajusta a nuestro paladar.

Carlos Castillo Peraza decía que *la política no es una lucha de ángeles contra demonios, sino que debe partir de la conciencia de que nuestro rival es un ser humano.*

Yo le añadiría que es igual de importante el entender que no sólo el contrincante, sino también nosotros, somos seres humanos, con todas las ambiciones, la ignorancia, las bondades y los desastres que ello significa.

Al final del día, la lucha por el poder gubernamental **no es un apostolado de gigantes, sino una profesión de personas comunes y corrientes**. Quizá en nuestro tiempo y nuestra tierra no encontraremos a esos héroes dignos de pasar a la historia, pero no debemos desesperar, porque ellos no son indispensables. Basta con tener la disciplina para contener a los patanes y distinguir a los que sean medio decentes. Basta con alzar la voz e incluso con dar un paso adelante para influir en el panorama del debate público.

Sí, no es sencillo, pero es posible.

Sí, muchas veces no es agradable, pero es necesario.

Sí, hay motivos de preocupación, pero también de esperanza.

Y sí, hacer política es como jugar al ajedrez sin dados.

BIBLIOGRAFÍA

1. Gordon Smith, David. (2008, 10 de junio) "German Football's Greatest Sayings". *Der Speigel.* Recuperado el 31 de agosto de 2019 de https://www.spiegel.de/international/germany/like -chess-only-without-the-dice-german-football-s- greatest-sayings-a-558638-3.html

2. Mateache, Aurora G. y Malvar, Aníbal. (2007, 1 de julio) "Encuentro|Visita Con Vargas Llosa El escritor da vida a personajes de cera". *El Mundo suplemento Magazine.* Recuperado el 31 de agosto de https://www.elmundo.es/suplementos/magazine/ 2007/405/1183125155.html

3. Alifano, Roberto. (1995) *El humor de Borges.* Ediciones Proa, Páginas 132-133.

4. Paul, Ron (2015) *Swords into Plowshares.* Ron Paul Institute, Página 217

5. Consulta Mitofsky, *México: Confianza En Instituciones 2018.*

6. Pew Research Center (2019) *Public Trust in Government: 1958-2019.* Recuperado el 31 de agosto de 2019 de https://www.people- press.org/2019/04/11/public-trust-in-government- 1958-2019/

7. Ipsos Mori (2018) *The Ipsos MORI Veracity Index.* Recuperado el 31 de agosto de 2019 de https://www.ipsos.com/sites/default/files/ct/new s/documents/2018-11/node-475016-475251.zip

8. Evans, Mark; Stoker, Gerry y Halupka, Max. (2018) "Australians' trust in politicians and democracy hits an all-time low: new research". *The Conversation* Recuperado el 31 de agosto del 2019 de https://theconversation.com/australians-trust-in-politicians-and-democracy-hits-an-all-time-low-new-research-108161

9. Dirección General de Comunicación de la Comisión Europea. (2018) *Eurobarómetro Standard 90 - Informe nacional para España.* Recuperado el 31 de agosto del 2019 de https://ec.europa.eu/spain/sites/spain/files/st90_-_report_repes_-_vf110219_limpia_.pdf

10. Schmitt, Carl. (2009) *El Concepto de lo político.* Alianza Editorial. Página 58.

11. Crick, Bernard. (1992) *In defence of politics.* Penguin. Página 21.

12. Buschlack, Thomas J. (2015) *Politics for a Pilgrim Church, a Thomistic Theory of Civil Virtue.* William B Eerdmans Publishing Company. Página 125.

13. Defoe, Daniel. (2016) *Robinson Crusoe.* Editorial Verbum. Página 99.

14. Tocqueville, Alexis. (2008) *The Ancien Régime and the Revolution. Penguin Books.* Página 40.

15. Scruton, Roger (2017) *On Human Nature.* Princeton University Press. Página 76.

16. Ídem. Página 19.

17. Adams, Scott. (2017) *Win Bigly, persuasion in a world where facts don't matter.* Penguin. Página 37.

18. Huerta de Soto, Jesús. (2015) *Socialismo, cálculo económico y función empresarial.* Unión Editorial. Página 43.

19. von Mises, Ludwig. (1998) *Human Action.* Mises Institute. Página 46.

20. Scruton, Roger (2017) *On Human Nature*. Princeton University Press. Página 67.
21. von Mises, Ludwig (1998) *Human Action*. Mises Institute. Página 42
22. Huerta de Soto, Jesús. (2015) *Socialismo, cálculo económico y función empresarial*. Unión Editorial. Página 44.
23. Ídem.
24. von Mises, Ludwig (1998) *Human Action*. Mises Institute. Página 94.
25. Huerta de Soto, Jesús (2015) *Socialismo, cálculo económico y función empresarial*. Unión Editorial. Página 44.
26. Scruton, Roger (2017) *On Human Nature*. Princeton University Press. Página 52.
27. Ídem. Página 45.
28. "Die Hauptstadt nach Hitlers Plänen" *Bild*. Recuperado el 24 de septiembre de 2019 de: https://www.bild.de/regional/berlin/ausstellung-in-berlin-3974970.bild.html
29. Nácar Fuster, Eloíno y Colunga, Alberto (traductores). (1944), *Sagrada Biblia*. La Editorial Católica. Página 1087.
30. Calderón, Felipe. (2012, 2 de julio), *Twitter*. Recuperado el 24 de septiembre del 2019 de: https://twitter.com/FelipeCalderon/status/219831751269294080
31. Intervención de Antonio Escohotado en la Feria del libro de Bogotá en el año 2014. Recuperado de: https://www.youtube.com/watch?v=y2zG92yal8A
32. von Mises, Ludwig. (1998) *Human Action*. Mises Institute. Página 97.
33. Instituto Nacional Electoral. Recuperado el 27 de septiembre del 2019 de:

https://computos2018.ine.mx/#/presidencia/naci
onal/1/1/1/1

34. Instituto Nacional Electoral. Recuperado el 27 de septiembre del 2019 de: https://www.ine.mx/actores-politicos/partidos-politicos-nacionales/padron-afiliados/

35. Transparency International. (2019) *Barómetro Global de la Corrupción: América Latina y el Caribe 2019.* Página 25.

36. Gonzalez, Nathan L. (2019, 17 de septiembre) "Far from being ignored Andrew Yang receives too much attention" *Rollcall.* Recuperado el 27 de septiembre de 2019 de: https://www.rollcall.com/news/far-from-being-ignored-andrew-yang-receives-too-much-attention

37. Página oficial de la campaña de Andrew Yang. Recuperado el 27 de septiembre de 2019 de: https://www.yang2020.com/policies/the-freedom-dividend/

38. Lee, Jasmine C. y otros. (2019) "Which Democrats Are Leading the 2020 Presidential Race?" *The New York Times.* Recuperado el 27 de septiembre del 2019 de: https://www.nytimes.com/interactive/2020/us/elections/democratic-polls.html

39. Albornoz de Videla, Graciela. (1952) *Evita, libro de lectura para primer grado inferior.* Editorial Luis Lasserre. Página 76.

40. Ídem. Página 26.

41. Sowell, Thomas. (2007) *A conflict of visions.* Basic Books. Página 2

42. Konnikova, María. (2018) *Cómo pensar como Sherlock Holmes.* Paidós. Página 55.

43. Mathewes, Charles. (2010) *The Republic of Grace: Augustinian Thoughts for Dark Times.* William B Eerdmans Publishing Company. Página 74.

44. Kovach, Robert. (2017, 26 de julio) "How Tribalism Hurts Companies, and What to Do About It." *Harvard Business Review.* Recuperado el 27 de septiembre de 2019 de: https://hbr.org/2017/07/how-tribalism-hurts-companies-and-what-to-do-about-it

45. Nácar Fuster, Eloíno y Colunga, Alberto (traductores). (1944), *Sagrada Biblia.* La Editorial Católica. Página 1216.

46. Sanchez, Patti. (2014) "Why Marketing Needs to Hire a Corporate Folklorist." *Harvard Business Review.* Recuperado el 1 de octubre de 2019 de: https://hbr.org/2014/07/why-marketing-needs-to-hire-a-corporate-folklorist

47. Gill, Anthony. (2017) "Why Do Donuts (Almost) Disappear at Faculty Meetings?" *Foundation for Economic Education.* Recuperado el 1 de octubre del 2019 de: https://fee.org/articles/why-do-donuts-disappear-at-faculty-meetings/

48. Ídem.

49. Íbid.

50. Yanes, Javier. "Trofim Lysenko, pseudociencia soviética contra Darwin." *OpenMind.* Recuperado el 4 de octubre de 2019 de: https://www.bbvaopenmind.com/ciencia/grandes-personajes/trofim-lysenko-pseudociencia-sovietica-contra-darwin/

51. Caplan, Bryan Douglas. (2007) *The myth of the rational voter : why democracies choose bad policies.* Princeton University Press. Páginas 129-131.

52. Sowell, Thomas. (2007) *A conflict of visions*. Basic Books. Página 28.

53. Ídem. Página 29.

54. Scruton, Roger (2017) *On Human Nature*. Princeton University Press. Página 104.

55. von Clausewitz, Carl. (1919) *On War*, Kegan Paul, Trench, Trubner &Co. Página 23

56. Guevara, Ernesto. (2004) *Obras Escogidas*, Resma. Página 9.

57. Galeano, Eduardo. (1983) *Days and Nights of Love and War*, Monthly Review Press. Página 16.

58. Lujambio, Alonso. (1996) *Federalismo y Congreso en México.* UNAM. Página 31.

59. Orwell, George. (2013) *A Life in Letters.* Liveright Publishing Corporation. Páginas 104-105.

60. Paul, Ron. (2015), *Swords into Plowshares.* Ron Paul Institute. Página 37.

61. Popovic, Srdja. (2015)*Blueprint for Revolution: How to Use Rice Pudding, Lego Men, and Other Nonviolent Techniques to Galvanize Communities, Overthrow Dictators, or Simply Change the World.* Spiegel & Grau. Páginas 200-201.

62. Paul, Ron. (2015), *Swords into Plowshares*, Ron Paul Institute. Página 216

63. Dalberg-Acton, John Emerich Edward. (1907) *Historical Essays and Studies.* Mcmillan. Página 504.

64. Pérez Franco, Aminadab (editor). *Clouthier, Manuel J., Diálogos con el Pueblo Discursos de Campaña Presidencial 1987-1988,*.

65. Krauze, Enrique. (1997) *La Presidencia Imperial.* Tusquets Editores. Página 135.

66. Navarro Arredondo, Alejandro y Meixueiro Nájero, Gustavo (coordinadores). (2007) *Federalismo y*

Planeación Regional en México. Centro de Estudios Sociales y de Opinión Pública. Página 155.

67. Paul, Ron. (2015), *Swords into Plowshares*, Ron Paul Institute. Página 124.

68. Springer, Filip. (2017) *History of a disappearance, the story of a forgotten polish town.* Restless Books. Página 160.

69. Applebaum, Anne. (2014) *El Telón de Acero: La destrucción de Europa del Este.* Debate. Página 169.

70. Remirez de Ganuza, Carmen (2 de febrero del 2016), "Franco me cogió la mano y me pidió que preservara la unidad de España." *El Mundo.* Recuperado el 4 de octubre de 2019 de: https://www.elmundo.es/espana/2016/02/16/56c 25d05e2704e8d458b4599.html

71. Krockow, Eva M. (2018) "How Many Decisions Do We Make Each Day?" *Psychology Today.* Recuperado el 19 de octubre de 2019 de: https://www.psychologytoday.com/us/blog/stretc hing-theory/201809/how-many-decisions-do-we-make-each-day

72. Sunstein, Cass R y Thaler, Richard H. (2017) *Un pequeño empujón.* Taurus. Página 36.

73. Sunstein, Cass. (2016) *The Ethics of Influence, Government in the age of behavioral science.* Cambridge University Press. Página 90.

74. Konnikova, María. (2018) *Cómo pensar como Sherlock Holmes.* Paidós. Páginas. 51-52.

75. Sunstein, Cass. (2016) *The Ethics of Influence, Government in the age of behavioral science.* Cambridge University Press. Página 49.

76. Subaşi, Burcu. (2018, 5 de septiembre) "Research: People Share More Information with Colleagues of Similar Cultural Backgrounds" *Harvard Business*

Review. Recuperado el 4 de octubre de 2019 de: https://hbr.org/2018/09/research-people-share-more-information-with-colleagues-of-similar-cultural-backgrounds

77. Gobierno del Reino Unido (2013), Green Book supplementary guidance: optimism bias. Recuperado el 5 de octubre de 2019 de: https://www.gov.uk/government/publications/green-book-supplementary-guidance-optimism-bias

78. Gorman, Sara y Gorman, Jack M. (2016) *Denying to the Grave: Why We Ignore the Facts That Will Save Us.* Oxford University Press, Nueva York. Página 135.

79. Caplan, Bryan Douglas. (2007) *The myth of the rational voter : why democracies choose bad policies.* Princeton University Press. Página 10.

80. Ídem.

81. Konnikova, María. (2018), *Cómo pensar como Sherlock Holmes.* Paidós, Ciudad de México. Páginas 47-48.

82. Washington, George. (1796) *Farewell Address.* Recuperado el 5 de octubre de 2019 de: https://founders.archives.gov/documents/Washington/99-01-02-00963

83. Adams, John. (1780) *Carta a Jonathan Jackson, 2 de octubre de 1780.* Recuperado el 5 de octubre de 2019 de: https://founders.archives.gov/documents/Adams/06-10-02-0113

84. Adams, Scott. (2017) *Win Bigly, persuasion in a world where facts don't matter.* Penguin. Página 5.

85. Gunther, Richard y Diamond, Larry. (2003). "Species of Political Parties: A New Typology." *Party Politics.* Volumen 9, número 2. Páginas 167-199.

86. Caplan, Bryan Douglas, (2007) *The myth of the rational voter: why democracies choose bad policies.* Princeton University Press. Página 159.

87. Aguilar Zínser, Adolfo. (1995) *¡Vamos a ganar! La pugna de Cuauhtémoc Cárdenas por el poder.* Océano. Página 86.

88. Kissinger, Henry. (2014) *World Order.* Penguin. Página 297.

89. Paul, Ron. (2015) *Swords into Plowshares.* Ron Paul Institute. Página 217

90. International Institute for Democracy and Electoral Assistance, Base de datos. Recuperada el 5 de octubre del 2019 de: https://www.idea.int/data-tools/data/voter-turnout.

91. Andrew Gelman & Nate Silver & Aaron Edlin. (2012) "What Is The Probability Your Vote Will Make A Difference?," *Economic Inquiry.* Volumen 50(2). Página 324.

92. El Economista (2018, 23 de junio), "1.4 millones de mexicanos serán funcionarios de casilla el 1 de julio: INE", *El Economista.* Recuperado el 31 de agosto del 2019 de https://www.eleconomista.com.mx/politica/1.4-millones-de-mexicanos-seran-funcionarios-de-casilla-el-1-de-julio-INE-20180623-0032.html

93. Konnikova, María. (2018) *Cómo pensar como Sherlock Holmes.* Paidós. Página 58.

94. Caplan, Bryan Douglas, (2007) *The myth of the rational voter: why democracies choose bad policies.* Princeton University Press. Páginas 137-138.

95. Fernández-Aráoz, Claudio. (2015) "Are We Evaluating U.S. Presidential Hopefuls All Wrong?", *Harvard Business Review.* Recuperado el 5 de

octubre de 2019 de: https://hbr.org/2015/07/are-we-evaluating-us-presidential-hopefuls-all-wrong

96. Caplan, Bryan Douglas, (2007) *The myth of the rational voter: why democracies choose bad policies.* Princeton University Press. Página 5.

97. Ídem. Página 17.

98. Íbid. Página 18.

99. (2016, 29 de enero) "Resolución de 26 de enero de 2016, de la Presidencia de la Junta Electoral Central, por la que se publica el resumen de los resultados de las elecciones al Congreso de los Diputados y al Senado convocadas por Real Decreto 977/2015, de 26 de octubre, y celebradas el 20 de diciembre de 2015, conforme a las actas de escrutinio general y de proclamación de electos remitidas por las correspondientes Juntas Electorales Provinciales y por las Juntas Electorales de Ceuta y de Melilla", Boletín Oficial Del Estado, Núm. 25, Sec. III. Páginas. 7917-7990.

100. Adams, Scott. (2017) *Win Bigly, persuasion in a world where facts don't matter.* Penguin. Página 20.

101. Ídem. Página 201.

102. Stephens-Davidowitz, Seth. (2017) *Everybody Lies. Big data, new data and what the internet can tell us about who we really are.* Harper Collins. Página 106.

103. Sunstein, Cass R y Thaler, Richard H. (2017) *Un pequeño empujón.* Taurus, Ciudad de México. Página 90.

104. Ídem.

105. Íbid. Página 81.

106. Sunstein, Cass. (2016) *The Ethics of Influence, Government in the age of behavioral science.* Cambridge University Press. Página 18.

107. Grageda Bustamante, Aarón (2003), *Seis expulsiones y un adiós: despojos y exclusiones en Sonora*. Plaza y Valdés. Página 39.

108. Cannon, Michael F. (2014, Noviembre 30) "Grubergate Part 1: 'The Stupidity Of The American Voter'" *Forbes*. Recuperado el 27 de septiembre de: https://www.forbes.com/sites/michaelcannon/2014/11/30/grubergate-part-1-the-stupidity-of-the-american-voter/#5ced9431f131

109. Monge, Raúl. (2001, 3 de febrero) "Rateros, narcos y ambulantes millonarios" *Proceso*. Recuperado el 5 de octubre de: https://www.proceso.com.mx/184804/rateros-narcos-y-ambulantes-millonarios

110. Carlson, Ingrid y Payne, J. Mark. (1999) *Estudio comparativo de estadísticas de empleo público en 26 países de américa latina y el caribe*. Recuperado el 19 de octubre de: https://publications.iadb.org/publications/spanish/document/Estudio-comparativo-de-estad%C3%ADsticas-de-empleo-p%C3%BAblico-en-26-pa%C3%ADses-de-Am%C3%A9rica-Latina-y-el-Caribe.pdf

111. Gasparini, Leonardo, Arcidiácono, Malena, Carella, Laura, Puig, Jorge, Gluzmann, Pablo, & Brassiolo, Pablo. (2015) "El empleo público en América Latina. Evidencia de las encuestas de hogares." *El trimestre económico*. 82(328), 749-784. Recuperado en 19 de octubre de 2019 de: http://www.scielo.org.mx/scielo.php?script=sci_arttext&pid=S2448-718X2015000400749&lng=es&tlng=es.

112. Manetto, Francesco. (2019) "La lenta agonía de los servicios públicos de Venezuela" *El País*. Recuperado el 19 de octubre de: https://elpais.com/internacional/2019/07/27/ame rica/1564261044_763898.html

113. Kiersz, Andy. (2019) "Here's how much of each US state's workforce is employed by the government." *Business Insider*. Recuperado el 19 de octubre de 2019 de: https://www.businessinsider.com/percentage-workforce-employed-by-government-every-us-state-2019-1

114. INEGI. (2018) *Estadísticas a propósito del Día de la administración pública.* Recuperado el 19 de octubre de 2019 de: https://www.inegi.org.mx/contenidos/saladeprens a/aproposito/2018/publica2018_Nal.pdf

115. Ethos Laboratorio de Políticas Públicas, (2017) *Impulsando la implementación del Sistema Nacional Anticorrupción a través del Presupuesto.* Recuperado el 5 de octubre de 2019 de: http://ethos.org.mx/wp-content/uploads/2017/06/Impulsando-el-SNA-a-trave%CC%81s-del-PEF.compressed.pdf

116. Transparency International (2018), *Corruption Perceptions Index 2018.*

117. Caplan, Bryan Douglas, (2007) *The myth of the rational voter: why democracies choose bad policies.* Princeton University Press. Página 3.

118. Chesterton, Gilbert K. (1918, 6 de abril) *Illustrated London News.*

119. Buchen, Lizzie. (2012, 24 de octubre) "Biology and ideology: The anatomy of politics From genes to

hormone levels, biology may help to shape political behaviour." *Nature*. 490. Páginas 466–468.

120. Jost, John T.; Glaser, Jack; Kruglanski, Arie W. y Sulloway, Frank J. "Political conservatism as motivated social cognition." *Psychological Bulletin*, Vol 129(3), Mayo 2003. Páginas 339-375.

121. Vigil, J. M. (2010). "Political leanings vary with facial expression processing and psychosocial functioning." *Group Processes & Intergroup Relations*, 13(5). Páginas 547–558.

122. Kalla, J., & Broockman, D. (2018). The Minimal Persuasive Effects of Campaign Contact in General Elections: Evidence from 49 Field Experiments. American Political Science Review, 112(1). Páginas 148-166.

123. Caplan, Bryan Douglas. (2007) *The myth of the rational voter: why democracies choose bad policies.* Princeton University Press. Página 95.

124. Booker, Christopher. (2005) *The Seven Basic Plots: Why We Tell Stories*, Bloomsbury Publishing.

125. Caplan, Bryan Douglas. (2007) *The myth of the rational voter: why democracies choose bad policies.* Princeton University Press. Páginas 118-119.

126. Savransky Rebecca. (2016, 14 de septiembre) "Clinton's new book sells 3,000 in first week," *The Hill*. Recuperado el 19 de octubre de 2019 de: https://thehill.com/blogs/ballot-box/presidential-races/295970-clintons-new-book-sold-fewer-than-3000-copies-in-first

127. Stephens-Davidowitz, Seth (2017) *Everybody Lies. Big data, new data and what the internet can tell us about who we really are.* Harper Collins. Página 97.

128. O'Keefe, James. (2018) *American Pravda: My Fight for Truth in the Era of Fake News.* Macmillan Publishers.

129. Caplan, Bryan Douglas. (2007) *The myth of the rational voter: why democracies choose bad policies.* Princeton University Press. Página 177

130. United States Environmental Protection Agency. *Progress Cleaning the Air and Improving People's Health.* Recuperado el 19 de octubre de 2019 de: https://www.epa.gov/clean-air-act-overview/progress-cleaning-air-and-improving-peoples-health

131. Xiao-Peng Song; Hansen, Matthew C.; Stehman, Stephen V.; Potapov, Peter V.; Tyukavina, Alexandra; Vermote, Eric F. & Townshend, John R. (2018) "Global land change from 1982 to 2016" *Nature.* Volumen 560. Páginas 639–643

132. State of Forestry in The United States of America. Recuperado el 19 de octubre de 2019 de: http://www.fao.org/3/x4995e/x4995e.htm

133. Watts, Jonathan. (2018) "We have 12 years to limit climate change catastrophe, warns UN" *The Guardian.* Recuperado el 19 de octubre de 2019 de: https://www.theguardian.com/environment/2018/oct/08/global-warming-must-not-exceed-15c-warns-landmark-un-report

134. Dmitrieva, Katia (2019, 13 de marzo) "The Green New Deal Progressives Really Are Coming for Your Beef" *Bloomberg.* Recuperado el 19 de octubre de 2019 de: https://www.bloomberg.com/news/articles/2019-03-13/the-green-new-deal-progressives-really-are-coming-for-your-beef

135. Rosado, Benjamin G. (2019) "La doble cara de Greta, 'la niña verde'" *El Mundo*. Recuperado el 19 de octubre de 2019 de: https://www.elmundo.es/cronica/2019/09/02/5d 696036fdddff830d8b4576.html

136. Hasher, Lynn; Goldstein, David y Toppino, Thomas (1977) "Frequency and the conference of referential validity" *Journal of Verbal Learning and Verbal Behavior.* Volumen 16, Número 1. Recuperado el 5 de octubre de 2019 de https://www.sciencedirect.com/science/article/pii /S0022537177800121

137. Brown, A. S., & Nix, L. A. (1996) "Turning lies into truths: Referential validation of falsehoods" *Journal of Experimental Psychology: Learning, Memory, and Cognition.* Recuperado el 5 de octubre de 2019 de: http://dx.doi.org/10.1037/0278-7393.22.5.1088

138. Fazio, Lisa K.,Brashier, Nadia M.,Payne, B. Keith,Marsh, Elizabeth J. (2015) Knowledge does not protect against illusory truth, *Journal of Experimental Psychology: General.* Recuperado el 5 de octubre de 2019 de: https://psycnet.apa.org/doiLanding?doi=10.1037% 2Fxge0000098

139. Stephens-Davidowitz, Seth (2017) *Everybody Lies. Big data, new data and what the internet can tell us about who we really are.* Harper Collins. Páginas 129-131.

140. Ídem. Página 131.

141. Sowell, Thomas. (2007) *A conflict of visions.* Basic Books. Página 2.

142. Bastiat, Frédéric. (2007) *The Law.* Ludwig von Mises Institute. Páginas 37-38.

143. Ídem.

144. Sowell, Thomas. (2007) *A conflict of visions*. Basic Books. Página 16.

145. Ídem. Página 43.

146. Bastiat, Frédéric. (2007) *The Law.* Ludwig von Mises Institute.

147. Ídem. Página 23.

148. Ibid. Páginas 23-24.

149. Kissinger, Henry. (2014) *World Order.* Penguin. Páginas. 42-43.

150. Sunstein, Cass. (2016) *The Ethics of Influence, Government in the age of behavioral science.* Cambridge University Press. Páginas 87-88.

151. Lewis, C.S. (2014) *God in the Dock: Essays on theology and ethics.* Harper Collins. Página 364.

152. Bastiat, Frédéric. (2007) *The Law.* Ludwig von Mises Institute. Página 2.

153. Sowell, Thomas. (2007) *A conflict of visions*. Basic Books. Página 13.

154. Ídem. Página 25-26.

155. Íbid. Página 27.

156. Sowell, Thomas. (2007) *A conflict of visions*. Basic Books. Páginas 32-33.

157. Schlenker, Barry R. y Leary, Mark R. (1982). "Audiences' reactions to self-enhancing, self-denigrating, and accurate self-presentations" *Journal of Experimental Social Psychology*, Volumen 18, Issue 1. Páginas 89-104. Recuperado el 5 de octubre de 2019 de: https://doi.org/10.1016/0022-1031(82)90083-X

158. Adams, Scott. (2017) *Win Bigly, persuasion in a world where facts don't matter.* Penguin. Página 120.

159. Lehman, Joseph. "A Brief Explanation of the Overton Window". *Mackinac Center for Public*

Policy. Recuperado el 26 de octubre del 2019 de: https://www.mackinac.org/OvertonWindow

160. Center for Media and Public Affairs. (2008) "The Comedy Campaign: The Role of Late-Night TV Shows in Campaign '08". *Media Monitor.* Volume XXII Número 3: Invierno 2008.

161. Noyes, Rich. (2019) "Networks Trashed Trump With 90% Negative Spin in 2018, But Did It Matter?" *Media Research Center.*

162. Langbert, Mitchell. (2018) "Homogenous: The Political Affiliations of Elite Liberal Arts College Faculty". *Academic Questions.* Volumen 31 Número 2.

163. The Economist (2014) "The Economist explains: How North Korea's elections work". *The Economist.* Recuperado el 26 de octubre de 2019 de: https://www.economist.com/the-economist-explains/2014/03/05/how-north-koreas-elections-work

164. Mencken, H.L. (2013) *Notes On Democracy,* Knopf. Página 76

165. Scruton, Roger (2017) *On Human Nature.* Princeton University Press. Página 89.

166. Mateache, Aurora G. y Malvar, Aníbal. (2007, 1 de julio). "Encuentro | Visita Con Vargas Llosa El escritor da vida a personajes de cera." *El Mundo suplemento Magazine.* Recuperado el 31 de agosto de 2019 de https://www.elmundo.es/suplementos/magazine/2007/405/1183125155.html

167. Caplan, Bryan Douglas. (2007) *The myth of the rational voter: why democracies choose bad policies.* Princeton University Press. Página 1

168. Ídem. Páginas 18-19.

169. Chesterton, Gilbert K. (1924, 19 de abril) *Illustrated London News*

170. Caplan, Bryan Douglas. (2007) *The myth of the rational voter: why democracies choose bad policies.* Princeton University Press. Página 42.

171. Ídem. Página 46.

172. Adams, Scott (2017). *Win Bigly, persuasion in a world where facts don't matter,* Penguin. Página 7.

173. Sunstein, Cass. (2016) *The Ethics of Influence, Government in the age of behavioral science.* Cambridge University Press. Páginas 71-72.

174. Monahan, William (Escritor) y Scott, Ridley (Director). (2005) *Kindgom of Heaven.* Twentieth Century Fox y Scott Free Productions.

175. Arendt, Hannah (2006) *Eichmann in Jerusalén.* Penguin Classics, Página 26.